KB138025

제로웨이스트 101 챌린지

하루에 하나씩 챌린지를 실천할 날짜와 결과를 기록해주세요.
작은 실천들이 하나하나 모여 큰 변화를 이룹니다.

챌린지	#1	#2	#3	#4	#5	#6	#7
실천할 날짜	월 일	월 일	월 일	월 일	월 일	월 일	월 일
결과							

챌린지	#8	#9	#10	#11	#12	#13	#14
실천할 날짜	월 일	월 일	월 일	월 일	월 일	월 일	월 일
결과							

챌린지	#15	#16	#17	#18	#19	#20	#21
실천할 날짜	월 일	월 일	월 일	월 일	월 일	월 일	월 일
결과							

챌린지	#22	#23	#24	#25	#26	#27	#28
실천할 날짜	월 일	월 일	월 일	월 일	월 일	월 일	월 일
결과							

챌린지	#29	#30	#31	#32	#33	#34	#35
실천할 날짜	월 일	월 일	월 일	월 일	월 일	월 일	월 일
결과							

챌린지	#36	#37	#38	#39	#40	#41	#42
실천할 날짜	월 일	월 일	월 일	월 일	월 일	월 일	월 일
결과							

챌린지	#43	#44	#45	#46	#47	#48	#49
실천할 날짜	월 일	월 일	월 일	월 일	월 일	월 일	월 일
결과							

챌린지	#50	#51	#52	#53	#54	#55	#56
실천할 날짜	월 일	월 일	월 일	월 일	월 일	월 일	월 일
결과							

챌린지	#57	#58	#59	#60	#61	#62	#63
실천할 날짜	월 일	월 일	월 일	월 일	월 일	월 일	월 일
결과							

챌린지	#64	#65	#66	#67	#68	#69	#70
실천할 날짜	월 일	월 일	월 일	월 일	월 일	월 일	월 일
결과							

챌린지	#71	#72	#73	#74	#75	#76	#77
실천할 날짜	월 일	월 일	월 일	월 일	월 일	월 일	월 일
결과							

챌린지	#78	#79	#80	#81	#82	#83	#84
실천할 날짜	월 일	월 일	월 일	월 일	월 일	월 일	월 일
결과							

챌린지	#85	#86	#87	#88	#89	#90	#91
실천할 날짜	월 일	월 일	월 일	월 일	월 일	월 일	월 일
결과							

챌린지	#92	#93	#94	#95	#96	#97	#98
실천할 날짜	월 일	월 일	월 일	월 일	월 일	월 일	월 일
결과							

챌린지	#99	#100	#101
실천할 날짜	월 일	월 일	월 일
결과			

Zero Waste, Just Do It!

1일 1쓰레기 1제로

1일 1쓰레기 1제로

캐서린 켈로그 지음 | 박여진 옮김

지금 바로
실천하는
101가지
제로 웨이스트

현대
지성

일러두기

1. 본문과 관련된 국내 사례는 필요한 경우 각주에서 따로 소개했습니다.
2. 본문 레시피에서 1컵은 종이컵(약 180mL)을 기준으로 했습니다.

나의 할머니, 니나 존스에게 바칩니다

2022년 여름 대한민국 부유함의 상징인 강남이 물바다가 되었다. 마치 재난 영화에서나 나올 법한 상황이 벌어진 것이다. 사람들은 가슴까지 차오른 빗물에 어쩔 줄 몰라 하고, 지하철은 갑자기 운행이 중단되고, 지하 형태의 구조물은 물에 잠겨 우리의 생명을 위협했다. 대한민국뿐만 아니라 저 멀리 영국도 연일 40℃에 육박하는 온도로 비행기 활주로가 녹아내리고, 철로가 휘어지고, 풀과 나무들은 메말라 언제 화재가 발생할지 모르는 시한폭탄으로 변해가고 있다. 이렇게 기후 변화의 피해는 나날이 우리의 '익숙했던 삶'에 반문해보라고 신호를 보내고 있다.

하지만 기후 변화라는 이슈는 우리에게 여전히 어렵다. 거대한 피해 규모를 마주하거나 피해 원인인 이산화탄소 배출을 생각해보면, 무엇을 먼저 해야 할지 감이 잡히기는커녕 으레 포기하기 일쑤다. 이 책은 이런 의구심과 좌절을 맛본 사람들에게 무엇을 해야 할지 알려주는 친절한 사용 설명서와 같다. 자신이 필요한 부분에 초점을 맞춰 집중적으로 습득할 수도 있고, 전체적으로 읽어보면서 자신만의 노하우를 익혀갈 수도 있다. 지구촌 곳곳에 환경의 지속 가능성을 생각하고 더 나은 미래를 위해 열심히 노력하고 있는 사람들이 있다. 이 책의 저자도 그중 한 사람이다. 이 책에서 소개하고 있는 다양한 아이디어가 한국의 독자들에게도 좋은 영감을 주길 기대해본다.

● 이현숙(그린피스 동아시아 부사무총장)

오늘날 우리는 낭비의 시대에 살고 있다. 필요 이상으로 소비하고, 빠르고 편리한 것만 추구한다. 빠르고 편리한 소비는 과연 어떤 결과를 초래했는가? 저자가 말하는 제로 웨이스트의 삶이란 쓰레기 없는 삶이 아니라, 낭비를 줄여가는 삶이다. 저자가 제안하는 일상 속 실천만 따라 해도 우리는 이미 시민 환경운동가다.

● 김아리(지구샵 대표)

세상은 넓고 물건은 많다. 멋진 집과 최신 가전제품, 다양한 가구, 풍부한 음식, 유행하는 옷 등 수많은 광고가 늘 우리를 유혹한다. 그러나 세상에 공짜는 없다. 물건이 나에게 오기까지 생산, 유통, 소비, 순환, 폐기의 전 과정에서 지구의 생태 용량에 부담을 주고 있다. 저자가 추천하는, 지름신의 유혹에서 벗어날 수 있는 101가지 방법을 '그냥' 해보자! 완벽하지 않아도 괜찮다. 더 나은 선택을 하자. 지구를 위해, 나의 건강을 위해, 그리고 쓰레기로 고통받는 동물과 가난한 이웃을 위해.

● **신경준**(EBS 중학 환경 강사, 환경교사모임 대변인)

쓰레기를 버리며 죄책감을 느낀다면 이 책을 꼭 읽어야 한다. 역설적으로 상품을 생산하는 기업가들이 가장 먼저 읽어야 할 책이기도 하다. 사람들은 더 이상 소비자가 아닐 수도 있다. 이제 기업이 생존하려면 생산과 소비라는 목표를 넘어 폐기 단계까지 고려해야만 한다. 애초에 쓰레기를 덜 발생시키자는 큰 틀의 전환 또한 시작됐다. 그 핵심 줄기들이 이 책에 있다.

● **이동학**(『쓰레기책』 저자, 쓰레기센터 대표)

쓰레기에 관한 강의를 하다 보면 강의를 들으시는 분들의 실천에 대한 갈증을 채워드리지 못해 답답할 때가 많다. 강의 시간의 제약도 있지만 나 스스로 철저한 제로 웨이스트 실천가가 아니기 때문이다. 구체적인 실천 팁을 원하시는 분들에게 이 책을 권하고 싶다. 다만 실천에 대한 강박에 눌리지 말고 저자의 조언대로 자신에게 맞는 삶의 균형을 찾길 바란다.

● **홍수열**(『그건 쓰레기가 아니라고요』 저자, 자원순환사회경제연구소 소장)

지구를 위한 작은 움직임, 제로 웨이스트

자신이 만들어내는 쓰레기에 대해 생각해본 적 있는가? 시간을 갖고 우리가 매일 집 안팎에서 버리는 쓰레기들을 생각해보자. 일회용 컵에 담긴 테이크아웃 커피, 상자와 포장지에 겹겹으로 싸여 배달되어 오는 온라인 쇼핑 물건들, 일회용품이 가득한 주방… 보고 있자니 문득 머릿속에 이런 질문이 떠오른다.

"이 쓰레기들은 다 어디로 가는 거지?"

쓰레기 수거함에 버린 쓰레기들이 그 후에 어떻게 되는지 생각해본 적 있는가? 우리가 버린 쓰레기는 어디론가 마법처럼 사라지지 않는다. 이 쓰레기들은 쓰레기 매립지로 간다. 하지만 여기가 끝이 아니라면?

제품을 생산할 때 들어가는 자원과 그 제품을 포장하는 데 사용되는 모든 포장 용품을 생각해보자. 우리가 사고 쓰고 버리는 모든 것을 진지하게 대하다 보면 덜 사고, 신중하게 소비하고, 쓰레기를 최대한 줄이는 것이 최선이라는 결론에 도달한다. 이

것이 바로 우리의 궁극적 목표인 '제로 웨이스트'다.

Q. 무엇이 문제인가?

미국 환경보호청에 따르면, 미국인 한 명이 버리는 하루 평균 쓰레기 양은 약 2kg이다. 우리는 값싼 일회용품으로 모든 문제를 해결할 수 있다고 믿는 '편리주의' 사회에 살고 있다. 일회용품의 최종 목적지는 쓰레기 매립지다. 평균적으로 옷 한 벌은 일곱 번 입고 버려지고, 비닐봉지는 단 15분 동안 사용된다. 일회용 컵이나 키친타월 등 '편리한' 용품들을 생산하는 데 들어가는 자원의 양은 한정되어 있다. 지구가 그 자원을 다 감당하기에는 벅차다. '지구 생태 용량 초과의 날'은 지구가 1월 1일부터 한 해 동안 생산할 수 있는 물, 공기, 토양 등의 생태 자원을 인간이 모두 소비한 날을 의미한다. 미국의 2018년 지구 생태 용량 초과의 날은 8월 1일이었다. 1년 동안 1.5년 치에 해당하는 지구 자원을 소비한 셈이다.

자원 과소비도 문제지만 쓰레기 매립지는 그 존재 자체만으로도 해롭다. 미국의 쓰레기 매립지에서 배출되는 메탄가스는 미국 전체 메탄가스 배출량의 16%를 차지하는데, 쓰레기에서 방출되는 메탄은 이산화탄소 같은 다른 온실가스보다 10~30배 더 강력한 온실효과를 가져온다. 쓰레기 매립지는 공기가 잘 통하지 않아 유기물질이 제대로 분해되지 않으며, 이 어중간한 상태의 유기물에서 나온 메탄가스가 그대로 공기 중에 흩어진다. 게다가 각종 세정제, 배터리, 소형 가전제품 등 매립지에 버리면 안 되는 물건에서 유독한 물질이 나와 토양에 흡수되었다가 비가 내리면 바다나 지하수로 흘러 들어간다.

심지어 많은 쓰레기가 매립지에 도착조차 하지 못한다. 매립지로 가지 못한 쓰레기는 도롯가에 나뒹굴거나 바다 한가운데에 둥둥 떠다닌다. 바다에는 이렇게 해서 생긴 거대한 쓰레기 섬이 다섯 개나 있다. 엘렌맥아더 재단에 따르면, 2050년에는 바다에 물고기보다 쓰레기가 더 많아질 것이라고 한다. 플라스틱은 자연적으로 분해되지 않기 때문에 특히 위험하다. 플라스틱은 빛에 의해 분해되는 물질이다. 즉 점점 작아지기만 할 뿐, 절대 사라지지 않는다는 뜻이다. 오브미디어Orb Media의 최근 연구에 따르면, 미세한 입자로 쪼개진 플라스틱이 전 세계의 식수에서 발견되고 있으며 미국에서는 94%의 식수에서 미세 플라스틱이 나왔다. 병에 든 생수에서도 마찬가지 결과가 나왔다. 병에 든 생수를 마신다고 해결될 문제가 아니다. 오히려 플라스틱 병은 문제를 악화시킬 뿐이다.

Q. 나는 재활용을 위해 열심히 분리배출하고 있는데?

재활용은 훌륭한 방법이지만 안타깝게도 그것만으로는 충분하지 않다. 처리해야 할 재활용품은 너무 많지만 우리는 여전히 지나치게 많은 자원을 소모하는 소비 방식을 고수하고 있다. 재활용은 해결책의 일부일 뿐, 그 자체가 완벽한 해결책이 되지 못한다. 그러므로 재활용 의존도를 낮춰야 한다. 플라스틱의 실제 재활용률은 고작 9%에 불과하다. 미국에 있는 재활용 시설 대부분이 배출되는 재활용 쓰레기 중 대다수를 직접 처리하지 않고 납작하게 압축해 배에 실어 중국으로 보낸다. 하지만 2018년부터 중국은 오염률이 1% 이상인 재활용 종이와 플라스틱의 수입을 중단했다. 현재 미국 최고의 재활용 시설에서 처리하는 재활용품의 오염률은 4%다. 오염률은 플라스틱 용기에 음식물 찌꺼기가 남아 있거나 종이에 기름이 스며 있는 오염 정도를 나타낸다. 분리배출을 할 때 조금만 더 신경 쓴다면 이런 문제들은 쉽게 해결할 수 있다. 이 책에서 다룰 분리배출 지침을 참고하길 바란다.

최근 재활용 산업에 닥친 위기 때문에 그렇지 않아도 이미 낮은 플라스틱 재활용률은 더 떨어질 것으로 전망된다. 강철이나 알루미늄, 유리 등과 달리 플라스틱은 진정한 의미의 재활용을 할 수 없다. 플라스틱 생수병을 녹이고 분해해 새로운 플라스틱 생수병으로 만들 수 없다는 말이다. 플라스틱은 재활용 과정에서 품질이 저하되기 때문에 카펫이나 플리스 재킷 등 전혀 다른 제품으로 생산된다. 그런데 나일론이나 아크릴, 폴리에스테르 등의 플라스틱으로 만든 옷은 또 다른 새로운 환경 딜레마를 낳는다. 2016년 플리머스 대학의 연구에 따르면, 세탁기로 옷을 한 번 세탁할 때마다 약 70만 개의 미세 플라스틱 입자가 배수로로 흘러 들어간다.

재활용Recycle이 환경을 위한 실천 사항인 3R(Reduce, Reuse, Recycle)에서 가장 마지막에 있는 이유도 여기에 있다. 재활용은 우리를 구원하지 못한다. 재활용은 일차 방어선이 아니라 최후의 수단이어야 한다. 그렇다고 재활용을 하지 말라는 말이 아니다. 현명하게 재활용을 하는 법을 배우되, 재활용 의존도를 낮춰야 한다는 의미다.

Q. 줄이기Reduce와 재사용Reuse은 어떨까?

우리는 불필요한 소비를 자주 한다. 사람들은 새로운 것을 소유하며 느끼는 쾌감 때문에 물건을 산다. 우리는 끊임없이 "사세요! 사세요! 사세요!"를 외치는 광고들의 폭격을 맞는다. 이렇게 소비를 조장하는 사회에 살다 보면 과소비와 소비 탐닉에 빠져들기 십상이다. 충동적으로 구매한 불필요한 물건들은 집 안에 거추장스럽게 쌓인다. 그러니 무언가를 사야겠다는 결심이 들었을 때는 잠깐 멈추어보자. 잠시 시간을 내서 그 물건이 정말 필요한지 아닌지를 생각해보자. 이 책에서는 정말로 '필요'한지 검토하고 구매 목록을 줄이는 것을 통해 소비 습관을 바꿀 수 있는 간단한 방법들을 소개한다. 무엇보다 새로운 실천 방식을 우리의 일상에 무리 없이 적용하는 것이 중요하다. 필요한 것을 줄이면 소비하거나 버려질 자원도 줄일 수 있다. 습관에 간단한 변화를 주는 것만으로도 달라진다.

이 책은 생활 속 쓰레기를 줄이고 재사용하는 101가지 방법을 소개한다. 집이나 직장, 길거리, 마트 등에서 필요한 정보를 그때그때 쉽게 찾을 수 있도록 주제별로 장을 나누었다.

Q. 제로 웨이스트란 무엇인가?

제로 웨이스트는 필요한 것을 줄이고, 쓸 수 있는 물건은 최대한 재사용하고, 재활용 쓰레기는 최소한으로 줄이고, 남은 것은 퇴비 처리 함으로써 쓰레기 매립지로 가는 쓰레기를 아예 만들지 않는 것이다.

제로 웨이스트는 상당히 오래된 개념이다. 제로 웨이스트의 역사는 대공황 시대로 거슬러 올라간다. 대공황 시대는 아무것도 낭비되지 않았던, 검소함의 전형이었다. 사람들은 물건을 몇 번이고 재활용했고 좀처럼 버리지 않았다. 멀쩡한 물건들이 별이유 없이 '그냥' 쓰레기통에 버려지는 요즘의 일회용품 시대와는 극명한 대조를 이룬다.

제로 웨이스트로 가려면 시스템을 재정립해야 한다. 오늘날우리는 지구에서 자원을 가져다가 잠깐 사용한 뒤, 지상의 거대한 구덩이에 버리는 선형 경제 구조 속에 살고 있다. 제로 웨이스트의 목적은 선형 경제에서 벗어나 자원을 절약하고 재활용함으로써 지속 가능성을 추구하는 친환경 경제 체제인 순환 경제로 나아가는 것이다. 이러한 순환적 구조는 자연을 닮았다. 자원을 매립지에 버리는 대신 모든 자원이 재사용되도록 제자리로 돌아갈 수 있는 시스템을 만들어야 한다. 제로 웨이스트의 목표는 쓰레기를 완전히 없애는 것이다.

하지만 '제로 웨이스트'를 한다고 해서 정말 쓰레기를 '제로'로 만들어야 한다는 의미는 아니다. 그것은 하나의 목표일 뿐인데다, 이 목표는 현대사회에서는 실현 불가능하다. 총체적인 점검과 기반 설비의 대대적인 변화 없이는 결코 이룰 수 없다. 하지만 정책이 변하고 개인과 집단, 기업의 실천이 한데 어우러진다면 그 목표에 점점 가까워질 수는 있다.

제로 웨이스트와 탄소 배출 제로는 혼동하기 쉽지만, 제로 웨이스트는 쓰레기를 만들지 않는 데 초점을 둔다. 물론 제로 웨이스트를 실천하면 필연적으로 탄소 배출량도 줄어든다. 제로 웨이스트는 지속 가능한 삶에서 더 나아가, 꼭 실현되어야 할 순환 경제를 향한 움직임의 일부이기 때문이다. 제로 웨이스트는 실천이 선행되어야 한다. 제로 웨이스트란 한마디로, 지나치게 사치스러운 선형 경제에 대한 반란이다. 이 모든 일의 시작은 바로 여러분이다.

Q. 제로 웨이스트, 자연 친화적인 삶, 미니멀리즘은 어떻게 연결되는가?

제로 웨이스트는 하나의 체계다. 환경에 미치는 영향을 줄이는 수많은 아이디어의 집합이자 자연 친화적인 삶, 미니멀리즘 등의 생활 방식을 포괄하는 개념이다.

마케팅과 광고에서는 온갖 세정 제품, 미용 제품, 식품 등 우리가 소비하는 모든 것은 전문가의 손길이 닿아야 훨씬 더 좋다는 확신을 유도한다. 하지만 굳이 연구실에서 제조하지 않아도 된다. 간단한 방법만 알면 누구나 직접 만들 수 있다.

자연은 인간에게 많은 것을 베풀었다. 앞으로도 자연에서 필요한 것을 얻는 삶을 지속 가능하게 하려면 공급 체계에 관해 깊이 고민해봐야 한다. 즉, 우리가 사용하는 물건이 어디에서 오는지, 우리가 먹는 식재료는 어떻게 길러지는지, 사용하는 제품은 어떻게 만들어지는지 등을 제대로 알아야 한다. 제로 웨이스트는 내게 자연과 더불어 살아가는 법을 깨닫게 해주었다. 이는 계절을 깊이 느끼고, 지역사회의 일원으로 살아가고, 반# 자족적인 삶을 꾸려가는 아름다운 삶의 방식 중 하나다. 내가 먹는 음식의 절반 정도는 집에서 만들어 먹는다. 어릴 때는 식성이 무척 좋은 편이었는데, 그때 먹던 채소는 대부분 상점의 냉장 코너에서 사거나 통조림에 든 것들이었다. 직접 신선한 채소를 손질해 요리한 적은 드물었다. 그런데 계절에 맞춰 살다 보니 자연스레 제철 음식에 눈길이 갔다. 농산물 직거래 장터에서 식재료를 구입하며 농부들과 이야기도 나눴다. 내가 먹는 음식을 기르고 만든 사람들을 직접 만나다니! 일반 마트에서는 이런 소중한 경험을 거의 할 수 없다. 대화를 나누며 채소나 곡물을 기르는 과정이나 식재료로 만들 수 있는 요리에 관한 팁도 들었다. 이제는 먹음직스러운 식재료들을 보고 있으면 10개도 넘는 레시피가 떠오른다. 제철 음식보다 더 맛있는 건 없다. 우리 집 텃밭에서 키운 재료라면 더할 나위 없다.

청소는 생각보다 쉽다. 베이킹 소다, 비누, 식초 그리고 약간의 육체 노동만 있으면 집 안의 99%는 깨끗하게 만들 수 있다.

이 책에서는 세제 등의 청소 용품과 아주 간단하지만 건강하고 맛있는 조리법을 소개할 것이다. 또 기타 생활용품을 살 때 무엇을 살펴봐야 하는지도 이야기할 것이다.

미니멀리즘과 제로 웨이스트는 핵심 원칙을 공유한다. 현실을 자각하고, 넘치는 잉여물을 줄이고, 스스로 만족하는 법을 찾는 것이다. 삶에 유용하고 크나큰 행복을 주는 것들만 추리고 나머지는 없애버리는 것이다.

미니멀리즘은 숫자 게임이 아니다. 옷장에서 옷 10개를 빼고, 100개 미만의 물건을 소유하고, 다섯 평짜리 방에서 산다고 해서 미니멀리즘이 아니다. 미니멀리즘은 '충분함'에 관한 완벽한 균형을 찾고 가진 것에 만족하는 법을 배우는 과정이다.

스스로 만족하고, 유행에 휩쓸리지 않으며, 소비에 끝없이 집착하지 않을 때 자원을 아끼게 된다. 미니멀리즘과 제로 웨이스트는 의식적인 삶이다. 미니멀리즘은 우리에게서 아무것도 박탈하지 않는다. 오히려 우리의 시공간을 사랑하는 것들로 꽉꽉 채우고 나머지는 과감히 없앰으로써 진정한 자유를 선사한다.

Q. 나 하나 실천한다고 뭐가 달라질까?

달라진다! 우리가 매일 내리는 결정이 지구에 영향을 미친다. 지구에 긍정적 영향을 미칠지 부정적 영향을 미칠지는 개인의 선택에 달렸다. 출퇴근할 때 어떤 교통수단을 이용하는가? 식재료는 어디서 어떻게 구하는가? 무엇을 먹는가? 무엇을 구매하는가? 이 모든 것이 연결되어 있다. 구매하는 물건들 하나하나가 앞으로 살고 싶은 세상을 위해 던지는 투표다. 투표소에서 하는 것만이 투표는 아니다. 우리는 매일 물건을 구매할 때마다 미래의 세상에 투표하고 있다.

미약한 시작이라도 한 번에 한 걸음씩 나아가다 보면 '환경 발자국'을 줄일 수 있다. 제로 웨이스트는 환경에 기여할 뿐만 아니라 실천하는 모든 이에게 훌륭한 삶의 방식을 선물한다. 제로 웨이스트를 실천하면 삶의 질이 훨씬 나아지고 있다는 기분이 들 것이다. 더 좋은 음식을 먹고, 기분이 좋아지며, 돈을 절약할 수 있다. 쓰레기통에 버릴 쓰레기가 없어지는 것은 덤이다.

차례

들어가며			12
Part 1 **제로 웨이스트 워밍업**	**#1**	내 쓰레기 파악하기	28
	#2	덜 사기	29
	#3	빨대 사양하기	31
	#4	장바구니 사용하기	32
	#5	생수병 사용 줄이기	33
	#6	일회용 컵 사용 줄이기	36
	부록	기본적인 재활용 지침	38
Part 2 **주방에서**	**#7**	시장 보기	50
	#8	파머스 마켓	52
	#9	제로 웨이스트 & 리필 상점	55
	#10	정육점	58
	#11	빵집	60
	#12	전문점과 식당	62
	#13	커피와 차	65
	#14	키친타월	69
	#15	알루미늄 포일	72
	#16	랩	74
	#17	식재료 보관	76
	#18	물 정수하기	80
	#19	비닐봉지	82
	#20	플라스틱 용기 활용법	84
	#21	진짜 접시, 진짜 식기	87

#22	냅킨	88
#23	수세미와 세척솔	89
#24	유독한 물건 없애기	90
#25	식단 계획과 음식 준비	93
#26	자투리 재료 활용하기	97
#27	퇴비 만들기	101

Part 3

욕실에서

#28	치실	108
#29	치약	110
#30	칫솔	115
#31	면봉	117
#32	두루마리 휴지	118
#33	미용 티슈	121
#34	화장 솜	123
#35	월경 용품	124
#36	면도기	127
#37	피부 관리	129
#38	로션	133
#39	데오드란트	137
#40	향수	143
#41	립밤	145
#42	색조 화장품	147
#43	헤어스프레이	149
#44	샴푸와 컨디셔너	151

	#45	각질 제거	155
	#46	바디워시	157
	#47	면도 크림	158
	#48	마스크 팩	159
Part 4 청소할 때	#49	다목적 세제	162
	#50	화강암/대리석 전용 세제	163
	#51	탈취제	164
	#52	카펫 탈취제	165
	#53	천연 디퓨저	166
	#54	욕조/변기 청소용 세제	167
	#55	유리 닦기	168
	#56	바닥 세정제	169
	#57	설거지용 세제	171
	#58	식기세척기 전용 세제	173
	#59	세탁 세제	175
	#60	건조기용 볼	177
	#61	자연 건조	179
	#62	천연 표백제	180
	#63	얼룩 제거	181
Part 5 쇼핑할 때	#64	소중한 것들을 위한 공간 만들기	184
	#65	현명한 소비	196
	#66	어디서 구매할까?	201
	#67	택배	206

Part 6 집 밖에서	#68	만년필	210
	#69	종이와 잉크 절약하기	212
	#70	쓰레기통	213
	#71	재사용 물건 가져다 놓기	214
	#72	회사에서 실천하기	215
	#73	도시락	217
	#74	테이크아웃	221
	#75	외식	224
	#76	이동 수단	226
Part 7 여행할 때	#77	여행 용품	230
	#78	공항에서	234
	#79	여행 중에	238
	#80	탄소 상쇄	242
	#81	제로 웨이스트식 휴가	244
Part 8 특별한 날에	#82	일회용품 쓰지 않기	248
	#83	장식	250
	#84	핑거 푸드 vs 정식	252
	#85	남은 음식 처리	259
	#86	파티 답례품	260
	#87	보답 선물	261
	#88	특별한 날 옷차림	262
	#89	선물	265
	#90	선물 포장	270

Part 9 함께하는 제로 웨이스트	#91	반려동물	276
	#92	이사할 때	283
	#93	재난 용품	285
	#94	장례식	286
	#95	함께하기	289
	#96	커뮤니티 활동	292
	#97	지역 활동	295
	#98	지방자치단체와의 협업	304
	#99	개인의 지속 가능성	307
Part 10 빅 피처	#100	그냥 하자	312
	#101	완벽하지 않아도 괜찮다 더 나은 선택을 하자	314
감사의 글			316

Part 1

제로 웨이스트 워밍업

"적을 알고 나를 알면 백 번을 싸워도 위태롭지 않다.
나를 알되 적을 알지 못하면 한 번 승리하고 한 번 패배한다.
나도 모르고 적도 모른다면 전투를 할 때마다 위태로울 것이다."
_『손자병법』

『손자병법』의 지혜는 제로 웨이스트에도 똑같이 적용된다.

#1 　　　　　　　내 쓰레기 파악하기

일단 자신이 버리는 쓰레기를 철저히 분석해보자. 쓰레기를 분석하면 개인의 소비 패턴을 점검할 수 있다. 쓰레기와 재활용품을 구분해 정말로 버려야 할 것이 무엇인지 정확히 파악해야 한다. 제로 웨이스트로 가는 길은 하나의 여정이며, 이 길은 사람마다 다르다. 모두에게 똑같이 적용되는 처방전은 없다. 쓰레기를 분석하면 내가 무엇을 해야 하는지 구체적으로 알게 되고 쓰레기를 줄이는 나만의 로드맵이 생긴다.

　쓰레기를 분석하기 위해 일반 쓰레기통과 분리수거함 옆에 클립보드를 두고 쓰레기 목록과 개수를 모두 표기해보자. 이렇게 해두면 어떤 종류의 쓰레기를 가장 많이 배출하는지 시각적으로 확인하기 쉽다. 그다음에는 개수가 가장 많은 품목을 줄이는 것에 집중하자. 쓰레기를 줄이는 가장 간단한 방법은 집에 들이는 물건을 줄이는 것이다(#2 참고). 쓰레기통에 가장 많이 버려지는 품목으로는 일회용 키친타월(#14 참고)과 음식물 포장지(#7 참고) 등이 있다.

#2   덜 사기

이것을 꼭 사야 할까?

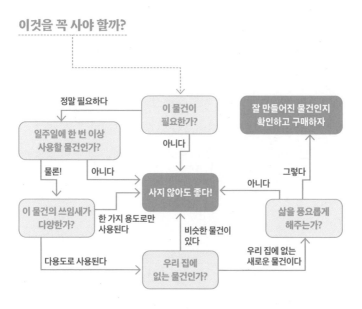

탄소 배출량과 쓰레기를 줄이는 가장 간단한 방법은 소비를 줄이는 것이다. 필요하지도 않은 물건을 잔뜩 사서 사용하지도 않고 처박아두는 경우가 많다. 소비를 줄이려면 사고방식을 바꿔야 한다. 나는 물건을 구매하기 전 스스로에게 몇 가지 질문을 던진다. 이것은 어디에서 왔을까? 내가 다 쓰고 나면 이것은 어디로 가는 걸까? 어떻게 만들어졌을까? 누가 만들었을까? 이 제품을 만드는 데 어떤 자원이 사용되었을까? 주변의 모든 것을 소중한 자원으로 보기 시작하면 '물건'에 대한 인식과 유대감도 달라진다.

자원을 채취하고 완성된 상품을 만들기 위해 얼마나 많은 과정이 필요한지 알고 나면 세상을 보는 관점이 바뀔 것이다. 자신의 삶에 불필요한 물건을 하나 더하기 전에 그 물건에 대해 진지하게 생각해보길 바란다. 시간을 두고 정말 필요한 물건인지 고민해보자. 30일 정도 고민해보길 권한다. 그러다 보면 새 물건에 대한 기대와 설렘이 시들해지고, 그때부터 그 물건이 정말 필요한지 아닌지 냉정하게 판단할 수 있게 된다.

미국에서는 하루에 약 5억 개(국내에서는 하루 평균 약 2,700만 개 – 편집자 주)의 빨대가 사용되고 버려진다. 빨대를 쓰지 않는 가장 간단한 방법은 음료를 주문할 때 "빨대는 안 주셔도 됩니다"라고 말하는 것이다. 빨대가 꼭 필요하다면 스테인리스, 유리, 실리콘, 대나무 등의 재질로 만든 재사용이 가능한 빨대를 찾아보자. 나는 개인적으로 유리 빨대를 좋아한다. 유리 재질이 음료의 맛을 방해하지 않기 때문이다. 대나무 빨대와 스테인리스 빨대는 특유의 향이 있어 가끔 음료의 맛에 영향을 주기도 한다.

#4 장바구니 사용하기

제로 웨이스터로 살면서 장바구니 사용은 의심할 여지 없이 실천 가능한 아주 쉬운 습관이다. 어려운 부분이 있다면, 외출할 때 장바구니 챙기는 것을 자꾸 잊는다는 점이다.

장바구니 챙기는 것을 자주 잊는다면, 접이식 장바구니를 사용하는 것도 좋은 방법이다. 외출용 가방 속 지정 자리에 넣어놓으면 언제든 가지고 다닐 수 있다.

집을 나서기 전 하루 일정을 미리 생각해보는 것도 좋다. 보통 퇴근길에 마트나 상점에 들르는지 등 일상의 동선이나 활동을 파악해두면 미리미리 장바구니를 준비할 수 있다. 하루 일정을 떠올려보는 단순한 습관만으로도 쓰레기를 훨씬 많이 줄이는 효과를 얻는다. 일상이 좀 더 편안하고 느긋해지는 건 덤이다.

#5 생수병 사용 줄이기

미국에서 1년 동안 판매되는 생수는 약 500억 병에 달한다. 플라스틱 생수병은 석유로 만드는데, 여기에 연간 1,700만 배럴의 석유가 소모된다. 이는 약 100만 대의 자동차가 일 년 내내 주행할 수 있는 양이다. 플라스틱 450g을 생산하려면 물 83L가 필요하다. 간단히 말해서, 1L짜리 물 한 병을 만드는데 3L의 물이 들어간다는 의미다. 플라스틱 생수병의 탄소 발자국은 수돗물보다 1,000배나 높다. 그리고 사실 병에 담긴 모든 생수의 40%는 수돗물이 함유되어 있다.

입장을 명확히 밝히자면, 나는 생수 반대론자는 아니다. 위급한 상황에서는 플라스틱 병에 든 생수가 필요할 때도 있다. 하지만 생수는 대부분 위급함보다 게으름 때문에 소비된다. 수돗물을 마실 수 있다면 그 물을 마시면 된다. 미국에서는 생수보다 수돗물이 더 엄격하게 관리된다. 수돗물 특유의 맛이 싫다면 필터를 사용해보는 것도 방법이다(#18 참고). 수돗물을 필터에 정수해 마시면 장기적으로 꽤 많은 돈을 절약할 수 있다.

일회용 물병을 사용하는 습관을 버리고 견고하고 재사용이 가능한 물병에 투자하자. 선택지는 무수히 많다. 나는 튼튼한 스테인리스 물병을 좋아한다. 스테인리스 물병은 떨어트려도 깨지거나 망가지지 않으며 수명을 다한 후에도 재활용할 수 있다. 스테인리스의 재활용률은 100%이며 품질 저하 없이 다시 새로운 스테인리스 제품으로 만들 수 있다.

개인 물병 챙기는 것을 자꾸 잊어버리는 사람을 위해 다음 몇 가지 방법을 제안한다.

- 물병을 여러 개 구입해 필터로 정수한 물을 담아 냉장고에 보관해두자. 나중에 꺼내서 들고 나가기만 하면 된다.
- 자기만의 기억 주문을 만들어보자. 나는 집을 나서기 전 늘 네 가지를 챙긴다. '휴대폰, 지갑, 열쇠, 물' 이렇게 하면 물병을 잊을 일도, 목이 마를 일도 없다.
- 작은 가방을 즐겨 메서 물병을 위한 공간이 충분치 않다면, 스테인리스로 된 힙 플라스크도 괜찮다. 이 납작한 술병은 대단히 요긴하다. 비록 낯선 이들의 따가운 시선을 더러 받긴 하겠지만 받아들이자. 평범해서는 세상을 바꾸지 못한다.

tip 제로 웨이스트를 실천할 때 이중으로 된 진공 물병이 아주 유용하다. 이중으로 되어 있어 보온과 보냉 성능이 우수하다. 나는 외출

할 때 이 병에 커피를 담아 다닌다. 병 하나를 두 가지 용도로 활용할 수 있으니 물병 따로 보온병 따로 가지고 다닐 필요가 없다. 물론 음료는 원하는 대로 담으면 된다.

#6   일회용 컵 사용 줄이기

일회용 커피 컵은 순수한 종이처럼 보이지만 내부에 플라스틱 코팅이 되어 있어 사실상 재활용이 불가능하다. 종이컵에서 플라스틱 성분을 분리할 수 있는 기계를 갖춘 재활용 공장은 얼마 되지 않는다. 종이와 플라스틱을 분리한다고 해도, 종이만 재활용되고 플라스틱은 버려진다. 재활용이라는 보상에 비해 들어가는 에너지가 턱없이 많다.

특히 일회용 컵 뚜껑은 큰 골칫거리다. 이 뚜껑은 플라스틱 6번 폴리스티렌으로 만들어졌는데, 발암물질로 알려져 있으며 재활용되지 않는다(플라스틱 6번은 흔히 스티로폼으로 활용된다). 이 폴리스티렌 뚜껑에 난 작은 구멍으로 뜨거운 음료를 마시는 건 그다지 추천하지 않는다. 개인 컵이나 보온병을 잊어버리고 그냥 외출했다면, 커피를 주문할 때 뚜껑은 빼달라고 부탁하는 편이 낫다. 우리 제로 웨이스트 동호회에서는 이를 '상의 탈의'라고 부른다.

밖에서 커피를 사서 마실 때 가장 바람직한 방식은 BYOC

(Bring Your Own Cup)이다. 텀블러든 물병이든 개인 컵을 가지고 다니자(집에서 커피를 내리는 방법은 #13 참고). 커피를 주문할 때 컵의 용량을 미리 말해야 한다. 그래야 바리스타가 커피의 양을 조절해 불필요한 낭비를 막을 수 있다. 내가 가지고 다니는 보온 병 용량은 350mL로, 가장 적은 양의 커피를 담을 정도 크기다.

개인 컵을 잊었더라도, 대부분 카페에서는 머그잔을 제공하므로 매장에서 마신다면 머그잔에 달라고 부탁하면 된다. 매장에서 마실 시간이 없다면 커피를 적당한 온도로 식혀달라고 부탁해보자. 그러면 뜨거운 커피에 혀를 델 일도, 남은 커피를 버리고 서둘러 나와야 할 일도 없다.*

* 국내에서는 2018년 8월부터 식품접객업 매장 내 일회용품 사용이 금지되었으나, 지금은 코로나19가 유행하면서 한시적으로 사용을 허용하고 있다.

기본적인 재활용 지침

제로 웨이스트는 재활용을 더 잘하는 것이 아니라 재활용 자체를 줄이는 것이다. 이런 슬로건을 들어본 적이 있는가? "줄이고, 재사용하고, 재활용하라." 이 지침은 순서대로 실행되어야 한다. 재활용에 앞서 줄이고 재사용하는 것이 먼저다. 이 순서를 자주 잊는 이유는 생각보다 실천하기가 쉽지 않기 때문이다. 줄이거나 재사용하는 것을 어떻게 측정할 수 있을까?

상대적으로 재활용이 널리 실행되는 이유는 실천하기 쉽고 눈으로 확인할 수 있기 때문이다. 사람들은 물리적이고 즉각적인 과정을 눈으로 직접 확인하고 싶어 한다. 줄이기나 재사용 같은 추상적 아이디어는 그다지 좋아하지 않는다. 기업 입장에서도 줄이기나 재사용을 마케팅에 활용하기는 매우 어렵다. 기업의 이윤에 도움이 되지 않기 때문이다. 반대로 기업의 이윤을 실질적으로 늘리는 방법은 재활용이다.

보스턴 대학에서 진행한 연구에 따르면, 사람들은 일회용품을 사용하는 경우에 그 물건이 쓰레기 매립지로 간다고 생각할 때보다, 재활용된다고 생각할 때 더 많이 사용하는 경향이 있다. 일회용품으로부터 비롯되는 죄책감을 재활용하면서 느끼는 뿌듯함으로 덮어버리는 것이다.

재활용은 최후의 수단이긴 하지만, 순환 경제로 가는 과정에서 여전히 매우 중요한 역할을 한다. 그러니 조금만 더 신경 써서 잘 실천해보도록 하자.

재활용에는 참 이상한 점들이 많다. 일단 국가마다, 지자체마다 재활용이 되는 품목과 되지 않는 품목을 규정하는 기준이 다르다. 대다수가 올바른 방식으로 재활용을 하고 싶어 하지만, 시작부터 혼란스러운 경우가 많다. 여기서 소개할 내용은 재활용에 관한 일반적이고 대략적인 지침이다. 더 확실하게 알고 싶다면, 각자 거주하는 지역의 환경 미화 부서에 직접 문의하거나 웹사이트를 방문해 재활용 가능한 품목에 관한 구체적인 정보를 확인하길 바란다.

'재활용'되는 물건의 상당수가 재활용되지 않고 있기에, 이제는 우리의 재활용 습관을 개선해 재활용품의 오염률을 1%로 낮추는 목표를 이루고, 무엇보다도 재활용품의 양을 줄여야 할 때다.

알루미늄 캔: 알루미늄 캔은 쓰레기통에서 가장 귀한 품목이다. 알루미늄은 플라스틱처럼 가벼우며 분해할 때 유리보다 탄소 가스를 적게 배출할 뿐만 아니라, 플라스틱과 달리 조금의 품질 저하도 없이 무한히 재활용될 수 있다. 알루미늄 캔이 길거리 쓰레기통에서 매장의 상품 진열대로 가는 데는 60일밖에 걸리지 않는다. 알루미늄 캔은 주로 음료 용기로 사용된다. 다 마신 후에 남은 수분을 털어내 분리수거함에 넣기만 하면 재활용 준비를 마친 셈이다. 캔은 굳이 찌그러트리지 않아도 된다.

알루미늄 포일: 알루미늄 포일도 재사용이 가능하다. 포일은 찢어지기 직전까지 사용해도 괜찮다. 알루미늄 포일 재질로 된 접시도 마찬가지다. 충분히 재사용한 뒤에는 포일에 묻은 음식물을 씻어내고 잘 말린다. 말린 포일은 최소한 직경 5cm 이상의 크기로 공처럼 돌돌 뭉치는 것이 좋다. 이보다 작으면 잃어버리거나 쓰레기 매립지로 직행하게 될 가능성이 크다. 미처 생각하지 못했던 곳에도 알루미늄 포일이 사용된다. 버터의 포장지나 초콜릿, 캐러멜,

사탕 등의 속 포장지가 그 예다.

병뚜껑: 맥주나 탄산음료의 유리병 뚜껑은 강철이나 알루미늄으로 만들어진다. 자석을 이용해 재질이 철인지 알루미늄인지 구분할 수 있다. 철통에는 철 뚜껑을, 알루미늄 통에는 알루미늄 뚜껑을 각각 따로 담아서 모아보자. 통에 병뚜껑이 절반쯤 차면 통의 남은 윗부분을 뚜껑 형태로 접어 병뚜껑들이 빠져나가지 않게 밀봉한다. 이렇게 만든 병뚜껑 통을 통째로 재활용함에 버리면 된다.

갈색 종이: 재활용은 물론 퇴비로 사용될 수도 있다. 종이를 재활용하기 전, 먼저 그 종이를 사용할 다른 방법이 있는지 생각해보자(#67 참고).

두꺼운 방습지: 방습지나 냉동식품 보관용 종이는 플라스틱으로 코팅되어 있다. 재활용도 퇴비 처리도 모두 불가능하다.

종이 상자: 온라인 쇼핑이 폭발적으로 늘어나면서 종이 상자의 사용량이 그 어느 때보다 많다. 다행히 종이 상자는 완벽하게 재활용이 가능하다. 택배 상자의 겉면에 붙은 테이프나 운송장 등의 이물질을 제거한 후 상자를 납작하게 접거나 분해해서 분리배출해야 한다. 하지만 무엇보다도 중요한 것은 종이 상자에 담겨 오는 제품 소비 자체를 줄이는 것이다. 그다음엔 종이 상자를 최대한 여러 번 재사용해야 한다. 종이 상자를 더 이상 재사용할 수 없을 때만 재활용해야 한다.

시리얼 상자: 시리얼 상자도 재활용이 가능하다.

컵 뚜껑: 일회용 컵의 뚜껑은 주로 플라스틱 6번인 폴리스티렌으로 만들어진다. 이런 뚜껑에는 'PS-6' 또는 숫자 '6'이 표기되어 있다. 폴리스티렌은 일반적으로 재활용되지 않는다. 자세한 내용은 뒤에 나오는 플라스틱 6번을 참고하길 바란다.

종이봉투: 종이봉투는 플라스틱 재질로 된 부분을 반드시 제거한 후 재활용함에 넣어야 한다. 종이봉투는 주로 주소나 수신인 등을 보이게 하려고 투명비닐로 된 창을 만든 경우가 많다. 플라스틱 재질로 된 이 창은 오염물에 관한 규정이 생기기 전까지는 큰 문제가 되지 않았지만, 현재는 종이와 플라스틱을 완전히 분리한 상태로 분리배출해야 한다.

유리병: 유리는 품질의 저하 없이 무한하게 재활용할 수 있다. 대부분의 지자체에서 유리는 재활용 품목으로 관리한다.

반들거리는 재질의 잡지: 잡지는 재활용이 가능하다. 잡지를 예술 프로젝트의 일환으로 사용하는 예술가들도 많다. 잡지를 재활용하기 전에 재사용할방법은 없는지 먼저 살펴보자. 과월호는 도서관이나 각종 시설의 대기실, 노숙인 쉼터, 요양원이나 양로원 등에 기증하는 방법도 있다.

금속 뚜껑: 파스타 소스와 같은 각종 소스의 병은 주로 유리로 되어 있지만, 뚜껑은 대체로 금속 재질이다. 다 사용한 병에서 뚜껑을 분리해 재활용 수거

함에 넣으면 된다. 이런 뚜껑들은 크기가 꽤 큰 편이어서 따로 모아서 분리하지 않아도 분실될 염려가 적다. 보통 이런 소스 뚜껑의 안쪽에는 얇은 플라스틱 막이 코팅되어 있다. 강철의 재활용 처리는 고온에서 이루어지는데, 이 과정에서 플라스틱 막이 녹는다. 재활용이 환경을 위한 최우선 방어책이 되어서는 안 되는 또 다른 이유가 바로 여기에 있다.

우유갑 및 음료 용기: 우유갑과 주스갑은 종이에 주로 폴리에틸렌 플라스틱을 코팅해 만든다. 우유갑의 재활용 방법은 지역마다 다르다.[*]

신문: 신문은 재활용 및 퇴비 처리가 가능하다.

종이컵: 일회용 종이컵도 우유갑과 마찬가지로 내부에 플라스틱이 코팅되어 있으므로 분해되지 않으며 대부분 지역에서 재활용되지 않는다. 일회용 컵을 재활용하려면 폐기물 관리 시설에 종이컵과 플라스틱 막을 분리하는 장치가 있어야 한다. 일회용 컵의 뚜껑은 6번 플라스틱으로, 대부분의 재활용 시설에서 재활용이 불가하다. 하지만 코팅되지 않은 종이컵 홀더는 재활용이 가능하다.

종이 냅킨과 종이 타월(키친타월): 냅킨이나 종이 타월에 사용되는 섬유는 가닥이 짧아 재활용이 어렵지만 퇴비 처리는 가능하다. 종이는 평균적으로 여덟 번 재활용하고 나면 더 이상 재활용하지 못한다. 한 번 재활용될 때마다 섬유 가닥이 점점 짧아지는데, 냅킨이나 종이 타월로 재탄생될 때는 이미 가닥이 너무 짧아진 상태다.

황산지(유산지) : 황산지에 음식물이나 기름이 묻어 있으면 재활용할 수 없다. 따라서 대부분 황산지는 그냥 쓰레기로 버려진다. 하지만 황산지는 씻어서 여러 번 재사용할 수 있으므로 충분히 사용한 후 퇴비로 만들자.

종이로 된 파스타 상자 : 종이로 된 파스타 상자는 재활용이 가능하지만 비닐 등 플라스틱으로 된 부분은 제거해야 한다. 조비얼푸드Jovial Food 회사의 파스타 제품은 상자에 붙은 비닐 부분이 분해 가능한 재질이어서 마당이나 텃밭에 퇴비로 쓸 수 있다.

사진 : 출력된 사진은 재활용되지 않는다.

피자 상자 : 피자 상자는 꽤 까다롭다. 일반적으로 피자 상자의 바닥은 기름기에 절어 있어 재활용이 어렵다. 따라서 피자 상자의 덮개와 바닥을 분리해 재활용해야 한다. 기름기가 있는 바닥 부분은 퇴비 처리가 가능하며, 덮개 부분은 기름기가 없다면 재활용이 가능하다. 음식, 음료, 기름기 등에 오염된 종이는 재활용할 수 없다. 기름이 잔뜩 묻은 피자 상자를 그대로 재활용 수거함에 버리면 다른 종이까지 오염시킬 수 있다. 분리배출할 때 꼼꼼하게 신경 쓰지 않으면 재활용이 가능한 다른 종이마저 못 쓰게 된다.

플라스틱 : 플라스틱을 분리배출할 때는 음식물 부스러기나 액체, 기름기 등의 찌꺼기를 깨끗이 씻어낸 후 버려야 다른 재활용 쓰레기가 오염되지 않는다. 완벽하게 깨끗이 씻어낼 필요는 없지만 적당히 헹궈내는 것만으로도 재활용이 한결 수월해진다. 플라스틱에 새겨진 작은 재활용 분류 기호를 꼼꼼

히 확인해보자. 재활용 분류 기호가 있다고 해서 모두 재활용이 가능하다는 의미는 아니다. 플라스틱은 전체 생산량의 9%만 재활용이 되는, 재활용률이 가장 낮은 품목이다. 따라서 플라스틱 사용 의존도를 줄이고, 재활용보다는 다양한 방식으로 재사용하는 것이 좋다. 대체로 플라스틱의 숫자가 낮으면 품질이 더 좋고 재활용률도 더 높다는 의미다.

플라스틱 번호 제대로 알고 넘어가기

- **1번 PETE (또는 PET):** 폴리에틸렌 테라프탈레이드는 가장 흔하게 볼 수 있는 플라스틱으로 주로 케이크 받침, 얇은 음료병, 생수병 등에 사용된다. 대부분 재활용 수거함에 분리배출할 수 있다.
- **2번 HDPE:** 고밀도 폴리에틸렌은 세제 용기, 샴푸통, 우유통 등에 많이 사용된다. 대체로 재활용 수거함에 분리배출된다.
- **3번 PVC:** 폴리염화비닐은 식용유 병, 샤워 커튼, 식품용 랩, 치약 용기 등에 사용된다. 재활용 수거함에 분리배출할 수 없는 경우가 많지만 국가나 지역별로 지침이 다르므로 거주지의 재활용 방침을 확인하기를 바란다.
- **4번 LDPE:** 저밀도 폴리에틸렌는 빵 봉지, 마트용 봉지, 비닐 필름 등에 사용된다. 만약 재활용이 가능하다면 비닐봉지들을 한곳에 모아 농구공 크기 정도로 뭉친 후 매듭지어 봉지들이 흩어지지 않게 하자.
- **5번 PP:** 폴리프로필렌은 치즈 용기, 시럽 병, 요구르트 용기 등 식품 보관 용기로 많이 활용되며 대부분 재활용 분리수거가 가능하다.

- **6번 PS**: 폴리스티렌은 대부분 스티로폼의 형태로 사용된다. 일회용 커피 컵 뚜껑, 포장 재료로 사용되는 완충용 스티로폼 조각, 컵, 음식 포장 용기 등에 사용된다. 깨끗한 스티로폼으로 모양을 바꾸는 성형 프로그램들이 일부 있기는 하지만 이런 재활용 방식은 지극히 드물다. 스티로폼은 가치가 높지 않으며 대부분 지역에서 재활용이 불가능하다.
- **7번 OTHER**: 7번 플라스틱은 OTHER로 표기되며 두 가지 이상의 플라스틱이 섞인 것이다. 재활용이 어려운 경우가 대부분이다.

인쇄된 종이 : 재활용이 가능하다.

얇은 비닐봉지 : 얇은 비닐봉지는 2번 또는 4번 플라스틱으로, 재활용이 가능하다.

영수증 : 영수증은 비스페놀A로 코팅되어 있으며 재활용 및 퇴비 처리가 되지 않는다. 영수증을 재활용 분리수거함에 버리면 100% 재활용 재질로 만들어진 냅킨이나 종이 타월, 휴지 등에 비스페놀A가 섞일 수 있다. 종이 영수증은 꼭 일반 쓰레기로 버리자.

파쇄된 종이 : 구겨진 종이나 조금 찢어진 종이는 재활용이 가능하지만 파쇄된 종이는 재활용되지 않는다. 종이를 잘게 파쇄하면 섬유 가닥이 지나치게

짧아지고 재활용 기계에 걸려 다른 종이를 못 쓰게 만들기도 한다. 일부 폐기물 업체에서는 재활용 종이를 처리하는 특별 작업 프로그램을 사용하기도 한다. 이 경우에는 업체의 필요에 따라 각기 다른 규칙을 적용해 종이를 재활용한다. 파쇄된 종이는 파손되기 쉬운 물건을 포장할 때 안성맞춤이다. 퇴비로도 사용 가능하며 특히 곤충을 기를 때 톱밥 역할을 훌륭하게 해낸다.

금속 캔: 슈퍼마켓에 있는 모든 캔의 90%는 금속으로 만들어지며 모두 재활용이 가능하다. 토마토, 병아리콩, 코코넛밀크 등은 모두 철로 만든 캔에 저장된다. 재활용 수거함에 버리기 전에 용기 안에 든 내용물은 깨끗이 씻어내야 한다. 안에 음식물이 남아 있으면 다른 재활용품을 오염시킬 수 있다. 캔의 재질이 철인지 아닌지 확인하려면 자석을 이용하면 된다. 자석에 철은 붙지만 알루미늄은 붙지 않는다. 재활용 공장에서도 자석을 사용한다. 거대한 자석으로 훑으면 강철만 달라붙고 알루미늄은 그대로 남는다.

캔 뚜껑: 철로 된 캔 뚜껑 역시 재활용이 가능하다. 하지만 캔 뚜껑 가장자리를 부드럽게 해주는 도구가 없다면 이 뚜껑을 그대로 재활용 수거함에 버려서는 안 된다. 대부분 재활용 공장에서는 사람이 손으로 일일이 재활용 쓰레기를 분류한다. 재활용 쓰레기를 버릴 때는 꼭 생각해보자. '이 물건을 손으로 잡아도 괜찮을까?' 괜찮은 품목이 아니라면 그대로 버리면 안 된다. 이 경우에 선택지는 두 가지다. 쓰레기 처리장에 직접 가지고 가거나 뚜껑을 캔 안에 밀어 넣고 빠져나오지 않도록 캔 입구를 오그라뜨리는 것이다.

음료수 팩: 음료수 팩은 여섯 개의 각기 다른 층이 겹겹이 쌓여 있다. 폴리에

틸렌, 판지, 폴리에틸렌, 알루미늄 그리고 두 겹의 또 다른 폴리에틸렌. 이 모든 층을 낱낱이 분리해 재활용하기란 대단히 어렵다. 하지만 재활용이 가능한 시설이 있는 지역도 있으니 온라인으로 거주 지역의 재활용 가능 여부를 확인해보길 바란다.

납지(왁스페이퍼) : 납지는 다양한 재질로 되어 있다. 식물성 왁스로 코팅된 경우도 있고 페트롤리움 기반의 파라핀으로 코팅된 경우도 있는데, 육안으로 식물성 왁스와 광유를 구분하기는 매우 어렵다. 식물성 파라핀으로 코팅된 경우, 산업용 처리 시설에서 퇴비로 만들 수 있다. 집에서도 퇴비 처리를 할 수 있지만 쉽지 않다. 페트롤리움 기반의 파라핀으로 코팅된 종이는 재활용과 분해가 모두 불가능하다.

잘 모르겠으면 '테라사이클' 홈페이지를 참고하자

테라사이클은 쓰레기 매립지로 가는 쓰레기들을 최대한 재활용하는 곳이다. 화장품 용기나 콘텍트 렌즈, 브리타 정수기 필터 등 재활용 여부를 잘 모르는 품목은 테라사이클에 수거 요청을 할 수 있다.[**]

재활용으로 만든 제품을 구매하자

모든 물건을 포장지 없이 구매하기는 거의 불가능하다. 따라서 재활용품을 적극 사용하는 기업 제품을 지지해야 한다. 스스로 자문해보자. 우리가 재활용된 제품 또는 재활용된 포장지를 소비하지 않는다면 과연 진정으로 재활용을 한다고 말할 수 있을까?

* 국내에서는 우유갑을 따로 모아 깨끗하게 씻어서 분리배출한다. 일반 종이류와 따로 분리해야 한다.

** 국내에도 테라사이클이 있으며 재활용 프로그램을 통해 폐기물 재활용 수거 요청을 할 수 있다. '쓰레기 백과사전(blisgo.com)'에서 쓰레기를 버리거나 분리배출할 때 헷갈리는 정보를 간편하게 검색할 수 있다.

Part 2

주방에서

주방은 집에서 쓰레기가 가장 많이 나오는 공간이다.

우리는 매주 식재료를 구입하고 하루 세끼 음식을 만든다.

주방 쓰레기를 줄일 수 있는 간단한 방법들을 소개한다.

#7 시장 보기

제로 웨이스트에서 중요한 것은 '무엇을 소비하는가'보다 '어떻게 소비하는가'이다. 물건을 감싸고 있는 불필요한 포장재에 관해 생각해본 적 있는가? 오이나 브로콜리는 왜 비닐로 포장되어 있을까? 비닐로 포장된 상품이 '깨끗하다'는 암묵적 합의가 있기 때문이다. 비닐은 채소가 더러워지지 않도록 해주지만 본래 채소는 흙에서 나고 자란다. 그 자체가 흙투성이다. 연구실에서 나고 자라는 상품이 아니다. 여러 겹의 플라스틱 비닐로 덮은 땅에서는 싹이 돋아나지 않는다.

홀푸드whole foods에 익숙한 사람이라면 여기서 소개하는 방법들을 쉽게 실천할 수 있을 것이다. 주로 가공식품이나 포장된 음식을 많이 먹는 사람에게는 다소 어려울 수 있다. 30분만 투자하면 건강하고 맛있는 제로 웨이스트 식단을 준비할 수 있지만, 이 식단을 위한 습관과 체계를 갖추려면 어느 정도 시간이 걸린다. 하지만 장담컨대 이 과정에 들이는 노력은 가장 값진 보상을 가져다줄 것이다. 영양가가 풍부한 음식을 먹으면 몸도 마음도 좋아진다. 물론 나도 몸에 좋은 음식만 철저히 가려 먹진 않는다. 우리 집 주방에는 도넛이 있고 가끔 피자도 배달시켜 먹는다. 물론 배달시킨 피자를 먹을 때는 재활용을 위해 피자 상자를 꼭 분리배출하자! (피자 상자 재활용법은 앞에 나오는 '기본적인 재활용 지침' 참고)

홀푸드란 무엇인가?

홀푸드는 가공을 최소화한 식품이다. 만들어진 음식보다는 원재료에 가깝다.

포장지가 없는 상품은 어디서 구매하는가?

파머스 마켓Farmers' Market, 정육점, 빵집, 물건을 대용량 구매할 수 있는 창고형 매장, 한 가지 품목을 전문적으로 판매하는 전문점, 식당 등은 포장지 없이 식재료를 구입할 수 있는 좋은 구매처다.

#8   파머스 마켓

> **준비물**
> - 튼튼한 장바구니
> - 천이나 그물망으로 된 주머니
> - 딸기나 달걀처럼 쉽게 뭉개지거나 깨지는 품목을 담을 유리병 또는 스테인리스 등의 금속 재질로 된 용기 한두 개
> - 마실 물을 담은 텀블러

파머스 마켓*은 그 지역의 신선한 농산물이 가득한 장터다. 그 지역에서 재배해 수확한 지 하루나 이틀 정도밖에 되지 않은 제철 식품들이 주요 품목이다. 농산물은 수확하는 순간부터 영양가와 맛이 감소하므로 이동 시간이 짧을수록 좋다. 바나나는 매장 진열대에 올라가기 3~4주 전에 수확한다. 익지 않은 상태로 딴 바나나는 온도 조절이 되는, 에틸렌으로 가득한 저장고에서 인공적으로 숙성시킨다. 만약 선택할 수 있다면 3주 동안 인공적으로 숙성한 과일을 먹겠는가, 아니면 하루나 이틀 전에 갓 딴

과일을 먹겠는가?

파머스 마켓에서 장을 보면 자연스럽게 제철 음식을 먹게 된다. 북반구의 겨울에는 토마토가 나지 않는다. 겨울철 마트에서 파는 토마토는 멕시코에서 수입된 것들이다. 제철에 그 지역에서 나지 않은 토마토는 가격이 비싸고, 불필요한 탄소를 많이 배출하며, 맛과 영양가도 떨어진다.

나는 여러분에게 제철 식단을 추천한다. 제철 음식에는 치유의 힘이 있다. 제철 식단은 내게 마음의 안정과 자연과의 더 깊은 유대감을 느끼게 해주었다. 제철 음식은 생명의 주기를 생각하게 한다. 딸기는 사시사철 나지 않지만 때가 되면 내년에 다시 날 것이다. 제철 식재료를 기다리는 건 또 다른 즐거움이 된다. 여름이 끝나가면 블루베리의 계절도 저물지만 곧 호박의 계절이 다가온다.

파머스 마켓에서 거래되는 농산물은 대부분 플라스틱이나 스티커가 없다. 관심 있는 품목이 플라스틱으로 둘러싸여 있다면 상점 주인에게 혹시 다른 포장 방법은 없는지 물어보자. 아마 대부분 플라스틱 포장을 원하지 않는 고객의 요구를 적극적으로 수용할 것이다. 때론 그저 물어보는 것만으로도 많은 영향을 미칠 수 있다. 말하기를 두려워하지 말자. 내가 다니는 파머스 마켓에는 달걀 가게와 염소 치즈 가게가 있는데, 두 곳 모두 용기를 회수해 재사용한다.

주위에 파머스 마켓이 없다면 공동체 지원 농업[**]에 가입할 수 있다. 가입하면 그 지역 농부들이 농산물 꾸러미를 배송해준다.

---

[*] 파머스 마켓은 다른 말로 농산물 직거래 장터를 가리킨다. 국내에도 지역별로 농산물 직거래 장터가 열리고 있다. '마르쉐 채소 시장'이 대표적인 예이며, 이런 장터 외에도 그 지역에서 난 채소나 곡물을 판매하는 농협의 '로컬푸드', 그 지역 농산물은 아니지만 유통 과정을 줄여 농민과 소비자가 직접 거래할 수 있도록 하는 '한살림', '생활협동조합' 등이 있다.

[**] 공동체 지원 농업CSA, Community Supported Agriculture은 새로운 농업 소비자-생산자 간 연결 방식으로 공동체적 가치와 연대에 기반한 대안적 유통 체계다. 소비자는 생산자에게 농산물에 대한 비용을 선지급하고, 생산자는 소비자와 계약한 농산물을 재배해 연중 배송한다. 먹거리 생산 과정을 공유하고 위험을 분담함으로써 소비자와 생산자 간에 밀접한 신뢰 관계를 형성하고 유통 단계 축소를 통해 전반적인 비용을 절감하는 장점이 있다. 공동체 지원 농업은 미국과 일본 등지에서 활발하게 이루어지고 있으며, 한국에서도 점차 확산 중이다. 국내의 가장 대표적인 방식으로 '농산물 꾸러미 사업'이 있다.

#9   제로 웨이스트 & 리필 상점

준비물	• 튼튼한 장바구니
	• 천으로 된 장바구니
	• 제품을 담을 용기
	• 마실 물을 담은 텀블러

리필 상점을 찾는 방법

찾아보면 무게 단위로 제품을 파는 상점들이 의외로 많다. 앱이 나 온라인으로 검색하면 집 근처에 친환경 상점이 몇 군데 나올 것이다.* 개인적으로 추천하는 방법은 직접 걸어 다니며 새로운 상점을 찾아보는 것이다.

    윤리적 경영을 하는 상점들은 주로 포장재 없이 상품들을 판 매한다. 나도 집 근처의 친환경 식재료 상점에서 쌀, 콩, 향신료, 두부 등을 구매하곤 한다. 건강식품 판매점에서는 제빵용 재료, 파스타, 간식거리 등을 구매한다.

    리필 상점에서 쇼핑하는 법은 정말 쉽다. 그물망 장바구니는 너무 가벼워 정확한 무게를 측정하기 어렵다. 유리병 같은 용기를 가져갈 때는 반드시 용기 무게 측정법 등을 확인해야 한다. 용기에 내용물을 다 채운 뒤에는 용기의 무게를 뺄 수 없으므로 미리 잘 확인해두자.

> **tip** 견과류나 끈적이는 식품을 구매할 때는 용기 입구를 꽉 닫았는지 확인하자. 자칫 매장 바닥이나 카트, 계산대 등에 묻으면 견과류 알레르기가 심한 사람을 곤경에 빠트릴 수 있다.

리필 상점이 없다면 어떻게 해야 할까?

모든 지역에 리필 상점이 있는 것은 아니다. 주변에 이런 상점이 없어도 괜찮다. 리필 상점을 이용하는 것이 제로 웨이스트의 필수 조건은 아니다. 제로 웨이스트 상점이라고 해서 모든 상품이 포장재 없이 존재하는 건 아니다. 맨 처음 상점에 물건이 들어올 때는 포장된 상태로 들어온다. 100% 제로 웨이스트를 실천하는 것은 현실적으로 불가능하다. 다만 할 수 있는 만큼 최선을 다하면 된다. 플라스틱으로 포장된 제품 대신 종이 또는 상자, 알루미늄, 유리 등으로 포장된 제품을 구매하거나 과감하게 대량 구매에 도전해보자(단, 남기지 않고 모두 소비할 수 있을 때에만!). 쌀이나 콩을 10kg 이상 단위로 구매하면 마트에 여러 번 가는 수고도 덜고 중간 유통을 거치지 않아도 된다. 대용량 자루나 가방을 준비하자.

이 책에서 소개하는 모든 조리법은 리필 상점에서 구입했거나 재활용 가능한 포장 용기에 담긴 재료로만 만든 것이다. 나도 최대한 포장되지 않은 제품을 구입하려고 노력하지만, 그런 제품을 찾을 수 없을 때는 재활용이나 퇴비 처리가 가능한 친환경 포장재에 든 제품으로 고른다.

---

* 국내에서는 '제로 웨이스트 상점', '리필 스테이션' 등으로 검색하면 더 많은 상점을 찾을 수 있다. 서울시에서도 시범 사업으로 '제로마켓'을 운영하고 있으며, 개인이 운영하는 상점으로는 '알맹상점', '더피커', '지구샵', '디어얼스', '덕분애' 등이 있다.

#10 정육점

준비물	• 견고한 장바구니
	• 고기를 종류별로 담을 튼튼한 용기
	• 마실 물을 담은 텀블러

고기를 살 때는 동네 정육점을 애용한다. 나는 채식을 기본으로 하지만 가족 구성원이 모두 채식을 하는 것은 아니다. 물론 육식을 대폭 줄이긴 했지만 말이다.

식단은 개인마다 천차만별이기 때문에 매우 까다로운 주제다. 나는 다른 사람들에게 내가 어떤 음식을 먹는지 굳이 밝히지 않는다. 하지만 목축업은 기후 변화에 큰 영향을 미치고 막대한 양의 쓰레기를 배출한다. 대다수 미국인은 주식으로 육류와 곡류를 섭취한다. 환경에 미치는 영향을 줄이려면 채식 식단 및 채식 지향 요리를 찾아보는 것도 방법이다. 식사할 때는 채소부터 먹고 고기와 유제품은 주식보다는 별식 개념으로 먹는 방법도 있다. 미국에는 '고기 없는 월요일' 또는 '평일 채식주의자' 같은 캠페인이 있는데, 이런 식으로 참여해보는 것은 어떨까?

내가 동네 정육점을 즐겨 찾는 이유는 취급하는 고기들이 어디에서 왔는지, 어떻게 사육되었는지 알 수 있기 때문이다. 그곳에서 유기농 제품이나 동물 복지 제품을 구입할 수 있는데, 이런 제품은 탄소 격리(대기 중에 배출되는 이산화탄소를 모아 지상이나 지하의 특정 공간에 저장하는 방식)를 하기 때문에 공장형 농장에서 가공한 제품보다 탄소 발자국이 낮다. 고기와 치즈를 살 때는 스냅웨어Snapware사의 용기를 가져간다. 파이렉스Pyrex사의 제품과 비슷한 모양인데 몸통은 유리로 되어 있고 뚜껑은 플라스틱이다. 이 용기를 가져가면 정육점 주인이 저울에 용기를 올리고 무게를 0으로 맞춘다. 그다음엔 원하는 제품을 원하는 만큼 용기에 담으면 된다. 물론 값은 용기의 무게를 뺀 내용물의 무게만큼만 지불한다.

#11 빵집

준비물	• 튼튼한 장바구니
	• 천으로 만든 주머니 몇 개
	• 설탕을 입힌 제품을 담을 넉넉한 크기의 용기
	• 마실 물을 담은 텀블러

세상에 빵을 사랑하지 않는 사람이 있을까? 지금껏 내가 살던 동네에는 늘 가까운 곳에 빵집이 있었다. 마트나 상점에 입점한 빵집도 많다. 내 단골 빵집은 훌륭한 시스템을 갖추고 있다. 일단 빵집에 들어서면 진열장 옆 선반에 집게들이 빼곡하게 걸려 있다. 그 옆에는 알록달록한 쟁반이 쌓여 있다. 집게를 들고 원하는 빵을 골라 쟁반에 담고 계산대에 가져가 계산하면 된다. 이 빵집에서는 빵을 갈색 종이봉투에 담아준다. 개인 용기나 장바구니를 가져가도 좋다.

　나는 천으로 된 가방에는 각종 롤 빵을, 큰 틴 박스에는 시나몬 롤이나 도넛을 담는다. 겉에 설탕이 묻은 빵은 설탕 가루가

끈적하게 녹을 수 있기 때문에 단단한 용기에 담아야 한다. 내 단골 빵집은 장바구니를 가져가면 봉툿값만큼 가격을 깎아준다. 주인은 봉툿값을 절약하고, 나는 돈을 절약하고, 불필요한 쓰레기도 줄이는 일석삼조의 방법이다.

빵의 맛이 변하지 않도록 적당한 크기로 소분한 뒤 도자기 재질의 용기에 넣고 이틀 정도 먹는다. 남은 빵은 천 주머니에 담아 냉동 보관한다. 냉동한 롤 빵류는 최대 한 달 정도 신선하게 보관할 수 있는데, 4~5주가 지나면 수분이 날아가 표면이 건조해지는 냉동상이 일어나기 시작한다.

#12　전문점과 식당

준비물	• 튼튼한 가방
	• 제품이 들어 있던 상자
	• 구매할 제품의 크기에 맞는 용기
	• 마실 물을 담은 텀블러

한 가지 품목만을 주로 취급하는 전문점*은 대부분 리필 프로그램을 운영한다. 전문점은 붐비는 시내나 쇼핑몰, 번화가, 관광단지 등에 있는 경우도 있지만 대부분 사람이 잘 다니지 않는 한적한 곳이나 찾기 어려운 곳에 있다. 이런 소규모 상점 주인들은 제로 웨이스트에 큰 도움을 주지만 잘 드러나지 않는다.

　나는 소형 전문점에서 주로 향신료, 올리브유, 식초, 와인, 맥주 등을 구매한다. 이런 상점들은 주로 자체 용기에 제품을 담아 판매한다. 제품을 다 사용하면 용기를 깨끗이 씻어 가져가 제품을 다시 채울 수 있다. 용기를 가져가면 할인도 해준다. 품질이 좋고 고객 서비스가 좋은 상점들은 계속 다시 찾게 된다.

경험상 전문점에서 판매하는 올리브유, 식초, 향신료는 일반 마트에서 파는 기성 제품보다 품질이 월등히 좋고 가격도 저렴하다. 수제 맥주나 와인은 품질이 더 좋은 대신 가격이 비싼 편이다. 어느 쪽이든 내가 사는 지역 공동체의 소상공인들에게 도움이 된다고 생각하면 물건을 살 때 마음이 뿌듯하다.

집 근처에 수제 맥주 등을 만들어 파는 곳이 있다면 기존에 맥주를 담아왔던 용기를 재사용할 수 있는지 확인해보자. 우리 지역의 몇몇 와인 농장과 와인 바는 750mL 병을 가져가면 종류를 막론하고 어떤 와인이든 가득 담을 수 있는 이벤트를 열기도 한다. 내가 자주 가는 와인 바는 수도꼭지가 달린 커다란 통에서 직접 와인을 따라주는데, 마개가 있는 병을 가져가면 특별한 비법으로 여러 와인을 섞어 세상에 하나뿐인 레드 와인을 만들어주기도 한다.

식당에서도 특별한 식재료나 음식을 구입할 수 있다. 식당에서 파는 것이니 더 비쌀 거라고 지레짐작하지 말자. 내가 식당에서 구입한 식재료와 식품의 가격은 일반 마트에서 구입하는 것보다 저렴하거나 비슷했다. 재료는 훨씬 더 신선했다. 그도 그럴 것이, 제품을 진열대에 진열해두는 마트와 달리 식당의 식재료는 당일에 모두 소진될 때가 많기 때문이다.

나는 우리 동네 멕시코 식당이나 토르티야 전문점에서 토르티야와 토르티야 칩, 살사 소스 등을 구입한다. 동네 수제 피자

집에서 피자 도우를 구입하기도 한다. 식당에 가서 준비한 통에 재료를 담아달라고 부탁하면 된다. 지금까지 한 번도 거절당해 본 적이 없다.

---

* 국내에는 한 가지 품목만 취급하는 전문점이 흔하지 않다. 따라서 리필 프로그램을 제공하는 상점을 찾기 어려운 것이 현실이지만, 제로 웨이스트 상점에서 올리브유, 발사믹 소스 등을 리필하여 구매할 수 있도록 판매하는 경우가 많다. 식재료를 전문으로 취급하는 국내 제로 웨이스트 상점으로는 '보틀앤스쿱'이 있다.

#13 커피와 차

혹시 당신은 카페인 없이는 하루를 시작하지 못하는가?

큐리그Keurig나 다른 기업의 캡슐 커피 머신은 높은 가격에 비해 커피 맛이 떨어진다. 게다가 엄청난 양의 플라스틱 쓰레기를 만들어낸다. 네스프레소에서 재활용이 가능한 캡슐을 내놓기는 했지만 그 캡슐 역시 일반 분리수거로는 재활용되지 않고 네스프레소 기업의 특정 프로그램을 통해서만 재활용된다는 한계가 있어 적절한 해결책은 아니다. 명심하자. 제로 웨이스트는 재활용을 더하는 것이 아니라 재활용을 '줄이는' 것이다.

커피용 캡슐은 우리 몸에도 지구에도 그다지 이롭지 못하다. 뜨거운 물이 7번 플라스틱을 통과해 나온다고 생각해보자. 7번 플라스틱은 재활용되지 않으며 환경호르몬을 유발한다.

캡슐 커피를 좋아한다면 원두 가루를 채워서 영구적으로 사용할 수 있는 리필 캡슐에 관심을 가져보자. 리필 캡슐과 분쇄 원두를 구매하는 것이 같은 양의 캡슐 커피를 구매하는 것보다 훨씬 저렴하다.

tip 환경호르몬은 사람의 체내 호르몬을 방해한다. 특정 호르몬을 지나치게 많이 또는 지나치게 적게 배출시키고 신체의 자연스러운 소통 체계를 방해한다. 내분비계에 대해 더 알고 싶다면 #24를 참고하자.

드립 커피 : 드립 커피 포트는 오랜 세월 커피 애호가들이 커피를 내릴 때 사용하는 주요 도구였다. 내가 본 드립 커피 기계들은 대부분 필터를 씻어서 사용할 수 있기에 일회용 종이 필터를 사용할 필요가 없는 제품들이었다. 혹시 사용하는 커피 기계에 일회용 필터를 장착해야 한다면, 재사용할 수 있는 필터나 커피 찌꺼기와 함께 퇴비 처리가 가능한 무표백 종이 재질로 된 필터를 구입하자.

에스프레소 기계 : 내가 사용하는 에스프레소 기계는 큐리그 사의 기계처럼 한 번에 커피 한 잔을 내리는 방식이지만 별도의 캡슐은 사용하지 않는다. 원두 분쇄부터 커피 추출까지 한 번에 가능한 기계도 있다. 스팀 밀크를 만드는 장치도 있어서 얼마든지 라떼를 만들 수 있다.

이 기계에서 쓰레기가 발생하는 유일한 부분은 디스케일링 descaling 과정이다. 기계 내부를 청소하기 위해 주기적으로 이 작업을 해야 하는데 이때 별도로 용액을 구매해야 한다. 이 용액은 재활용이 가능한 플라스틱 용기에 담겨 있다. 재활용이 이상적인 방식은 아니지만 그래도 다른 기계보다는 에스프레소 기계를 사용하는 것이 환경보호에는 훨씬 도움이 된다. 기계를 깨끗하게 잘 관리해 오래 사용하는 것은 제로 웨이스트의 중요한 부분을 차지한다. 최대한 오래 사용하고 새로운 자원을 낭비하지 않는다면 장기적으로 쓰레기를 줄일 수 있다.

좋은 에스프레소 기계는 내구성이 뛰어나고 수리와 관리가 쉽도록 만들어졌다. 새 기계를 구입할 예정이라면 수리가 가능한 제품으로 알아봐야 한다. 아쉽게도 큐리그 기계는 수리가 불가능하다. 어떤 회사는 일부러 기계를 수리하기 어렵게 만들거나 수리비를 매우 비싸게 책정해 새로운 기계를 구입하도록 유도한다. 기업이 매출액을 올리기 위해 고객이 억지로 새 제품을 사도록 만드는 것이다. 이것이 바로 선형 경제의 폐해다.

핸드 드립 커피: 핸드 드립 커피 도구에는 유리나 도자기 재질로 된 드립 서버와 스테인리스 재질의 필터 또는 재사용이 가능한 천 재질의 필터가 있다. 필터에 분쇄한 원두를 넣고 뜨거운 물을 천천히 붓는다. 핸드 드립 커피는 맛도 뛰어나지만 무엇보다도 완벽한 제로 웨이스트 방식이다!

프렌치 프레스: 내가 커피와 차를 마실 때 애용하는 기계다. 내

가 사용하는 프렌치 프레스는 유리로 된 몸통에 스테인리스 지지대, 스테인리스 플런저(거름망이 부착되어 피스톤처럼 내리는 장치)로 구성되어 있다. 먼저 유리 주전자에 분쇄한 커피를 큰 수저 가득 두 번 정도 넣고 팔팔 끓는 물을 한 컵 붓는다. 4분 정도 커피가 우러나도록 그대로 둔 다음, 플런저를 아래로 내려 원두가루를 천천히 꾹 누른 뒤 우러난 커피를 따른다. 커피를 다 마시면 원두 찌꺼기는 텃밭에 뿌리거나 목욕할 때 바디 스크럽제로 사용한다.

> **tip** 원두 찌꺼기는 퇴비로 만들기 전에 바디 스크럽제로 활용할 수 있다! #45를 참고하자.

차: 요즘 나오는 티백은 대부분 플라스틱을 포함하고 있다. 그렇다, 티백이 든 차를 마실 때 폴리프로필렌을 함께 마시는 셈이다. 티백 말고 찻잎을 구매해 인퓨저나 프렌치 프레스로 우려서 마셔보자!

키친타월을 마른 행주나 천으로 바꿔보자. 올을 성글게 짠 면 수건이나 행주는 물기를 잘 흡수해 주방에서 사용하기 딱 좋다.

낡고 헤진 면 수건은 걸레로 강등시키자. 그마저도 쓰임새를 다하면 퇴비로 만들 수 있다. 극세사 재질은 추천하지 않는다. 플라스틱인 극세사는 폴리에스테르, 아크릴, 스판덱스, 레이온, 나일론 등 다른 플라스틱 섬유와 마찬가지로 세탁 과정에서 미세 플라스틱을 배출하기 때문이다. 수건이나 행주는 천연 섬유를 사용하자. 만약 극세사를 정말 포기하지 못하겠다면 구피프렌드Guppyfriend에서 나온 플라스틱 워싱백을 추천한다. 워싱백은 미세 플라스틱을 걸러준다. 가장 좋은 방법은 플라스틱 재질의 섬유를 최대한 덜 빨고 나중에 교체할 때가 되면 천연 섬유로 대체하는 것이다.

식사 후 정리: 무심코 키친타월을 사용하지 않도록 조심하자. 음식 찌꺼기는 잘 모아 음식물 쓰레기통에 버린다. 끈적이는 오

염물은 젖은 천 행주로 닦아낸다.

유리창과 유리 제품: 유리를 닦을 때도 굳이 키친타월을 사용할 필요가 없다. 창문이나 거울 같은 유리를 깨끗하게 유지하는 비결은 얼룩이 사라질 때까지 계속해서 닦는 방법뿐이다. 마땅히 닦을 천이 없다면 신문지로 닦으면 된다.

기름: 나는 프라이팬에 기름이 남으면 그 기름으로 볶음 요리를 하거나 유리병에 따로 저장해두었다가 다음 요리에 사용한다. 넉넉한 양이 아니라면 남은 기름으로 프라이팬을 길들이거나 빵 한 조각으로 기름을 훑어 빵에 흡수시킨다. 기름을 먹은 빵은 잘게 잘라 크루통(빵을 작게 썰어 튀긴 후 스프 위에 띄우거나 샐러드에 뿌려 먹는 음식)을 만들거나 음식물 처리기에 넣어 퇴비로 만든다.

베이컨 같은 음식의 기름기를 없애고 싶다면 키친타월을 사용하지 말고, 기름이 자연스럽게 빠지도록 촘촘한 채반 위에 요리한 베이컨을 올려놓는다. 그리고 채반 밑에 기름을 받을 접시 등을 깔아둔다.

물건이나 고기의 수분을 말릴 때: 음식이나 물건을 씻고 남은 물기는 키친타월 대신 천으로 된 행주로 닦자. 고기는 방법이 좀 더 까다롭다. 아마 요리사들이 요리를 하기 전에 고기의 수분을 제거하는 장면을 본 적 있을 것이다. 나는 고기의 수분을 없앨 때 키친타월로 덮고 두드리는 방법보다는 고기를 식힘 망에 올리고 밑에 베이킹용 접시를 깔아 물기를 받는다. 그 상태로 냉장고에 최소 몇 시간에서 최대 하루까지 보관한다. 이렇게 하면 겉 부분의 수분이 보송하게 말라 굳이 키친타월을 사용하지 않아도 된다.

지저분한 오염 물질: 토사물이나 진흙, 상하거나 못쓰게 된 음식 등은 천 행주로 닦아 싱크대에서 헹궈낸다. 천 행주는 손으로 빨아 건조한다. 물론 키친타월을 사용하고 싶은 마음도 충분히 이해한다. 꼭 키친타월을 사용해야 한다면 최소한으로 사용하고 사용한 뒤에는 퇴비로 처리하자.

#15 알루미늄 포일

나는 한동안 알루미늄 포일을 사용하지 않고 살아봤는데 생각보다 포일 없이도 불편하지 않게 살 수 있었다.

냄비나 팬에 깔아주는 용도: 나는 팬에 알루미늄 포일을 깔지 않고 그냥 맨 프라이팬에 요리한다. 그렇게 해도 설거지가 수월하다. 팬에 음식 등이 눌어붙어 설거지가 어려운 경우에는 대나무로 된 솔로 문지르면 금방 깨끗해진다. 무언가를 꼭 깔아야 한다면 실리콘 베이킹 매트를 추천한다. 부드러운 실리콘 재질의 매트는 주방의 만능 재주꾼이다. 나는 빵을 구울 때보다 음식을 얼릴 때 이 매트를 자주 사용한다.

빵을 구울 때 타는 것을 방지하는 용도: 나는 파이를 굽거나 추수 감사절에 칠면조 요리를 할 때 음식의 겉면이 너무 타는 것을 방지하려고 항상 알루미늄 포일을 사용했다. 그런데 알고 보니 파이 테두리를 타지 않게 해주는 '타르트 링'이라는 도구가 있었고, 칠면조 요리에는 9인치짜리 케이크 틴(케이크 팬)을 덮으니 딱 맞았다!

음식 보관 용도: 예전에는 한 조각 남은 피자나 파이처럼 모양이 흐트러지기 쉬운 음식을 알루미늄 포일에 싸서 보관하곤 했다. 알루미늄 포일로 감싸서 냉장고에 넣어두면 내용물의 모양이 망가지지 않기 때문이다. 그런데 요즘은 모양이 흐트러지기 쉬운 음식은 밀랍 랩(#16 참고)으로 감싸거나 스냅웨어Snapware 용기에 넣어 보관한다.

#16 랩

반죽을 발효시킬 때: 내가 관찰한 바에 의하면, 비닐 랩이 가장 흔하게 사용되는 경우는 반죽을 발효할 때였다. 발효할 반죽을 비닐 랩으로 덮지 말고 행주나 티 타월을 사용해보자.

남은 음식 보관할 때: 음식이 남으면 그릇이나 음식을 비닐 랩으로 감싸 보관하는 경우를 자주 보았다.

- 음식이 우묵한 그릇(볼)에 담겨 있다면, 비닐 랩 대신 접시를 뚜껑처럼 덮자.
- 접시에 담긴 음식은 밀랍 랩으로 싸면 된다.
- 남은 음식을 유리병이나 밀폐 용기에 담아 보관한다(#20 참고). 나는 늘 유리 용기를 사용한다. 유리가 플라스틱보다 안전한 물질이기 때문이다.

다른 집에 음식을 가져갈 때: 그릇을 비닐 랩으로 감싸지 말고 믹싱볼이나 뚜껑을 덮을 수 있는 접시에 담는다.

밀랍 랩 만드는 법

- 두툼하고 촘촘한 면직물(낡은 침대 시트나 베갯잇)
- 천을 자를 가위
- 냄비
- 밀랍
- 스패츌러

1. 면직물을 원하는 크기로 자른다. 믹싱볼이나 샌드위치용으로 가로*세로 약 35*35cm, 남은 빵을 보관하는 용도로는 가로*세로 약 60*40cm 정도가 적당하다.

2. 밀랍을 작은 그릇에 담고 중탕해 녹인다. 녹은 밀랍을 붓이나 실리콘 스패츌러를 이용해 천의 양면에 골고루 바른다.

3. 밀랍을 바른 천을 통풍이 잘되는 곳에 걸어 충분히 말린다.

4. 다 마르면 바로 사용할 수 있다. 단, 밀랍 랩은 식기세척기나 뜨거운 물에 사용하면 밀랍이 녹아내리기 때문에 주의해야 한다. 밀랍 랩을 만들 때 사용한 붓, 스패츌러, 작은 그릇 등은 뜨거운 물로 씻어야 한다. 밀랍은 씻어내기가 매우 까다롭다. 밀랍이 묻은 물건을 세척할 때 화상을 입지 않도록 조심하자.

#17   식재료 보관

미국인은 음식의 약 40%를 버린다. 미국인이 버리는 음식의 양은 일 년간 6,000만 명이 먹을 수 있는 양이다. 음식물 쓰레기에서 나오는 유기물은 쓰레기 매립지의 60%를 차지하고 미국 전역 메탄가스 배출량의 16%를 차지한다.

미국의 한 가구가 매년 낭비하는 음식의 비용은 약 2,275달러에 달한다. 이런 사실이 장을 볼 때 무엇을 살지 신중하게 생각하도록 만들지 않는가? 다음은 음식물 쓰레기를 줄이는 두 가지 방법이다.

- 시장을 보기 전, 집에 있는 물품을 확인해 목록을 적어두고 오래된 식재료 위주로 식단을 준비한다(#25 참고).
- 식재료를 보관할 때는 늘 최적의 신선도를 유지하도록 신경 써야 한다.

식재료 보관법

서늘하고, 그늘지고, 건조한 곳에 보관하는 재료

- 바나나: 바나나를 꼭지에서 떼어내 하나씩 낱개로 보관한다.
- 마늘
- 양파: 감자와 따로 보관한다.
- 감자와 고구마: 양파와 따로 보관한다.
- 샬롯(작은 양파의 한 종류)

실온에서 숙성시킨 뒤 냉장 보관하는 재료

아래 유형의 식재료는 특별한 보관법이 따로 없다. 선반이나 냉장고 채소 칸에 넣어두면 된다.

살구	망고	백향과	파인애플
아보카도	멜론	복숭아	플렌테인
구아바	천도복숭아	배	자두
키위	파파야	감	토마토

냉장 보관하는 재료

- 아티초크: 아티초크 위에 물을 뿌리고 그릇에 담아 보관한다.
- 아스파라거스: 컵에 물을 담고 줄기를 담가 보관한다.
- 비트: 잎사귀는 떼어내고 썰어서 밀폐된 유리 단지(흔히 메이

슨자mason jar라고 불리는 용기)에 보관한다. 잎사귀는 시금치처럼 활용할 수 있다. 먹기 직전에 씻는다.

- 베리 종류 : 유리 단지에 보관한다.
- 파프리카 : 길쭉하게 썰거나 깍둑썰기로 썰어 유리 단지에 보관한다. 통째로 보관할 때는 별도 포장없이 보관한다.
- 브로콜리 : 냉장고의 채소칸에 보관한다. 별도로 포장할 필요 없다.
- 방울 양배추 : 유리 단지에 보관한다.
- 양배추 : 냉장고 채소칸에 보관한다.
- 당근 : 물이 담긴 물컵에 담가 보관한다. 물은 2~3일에 한 번씩 갈아준다.
- 콜리플라워 : 냉장고 채소칸에 통째로 보관한다.
- 셀러리 : 마른 행주나 티 타월로 감싸 채소칸에 보관한다.
- 체리 : 유리 단지에 보관한다.
- 옥수수 : 껍질을 벗기지 말고 냉장고 채소칸에 보관한다.
- 오이 : 별도 포장 없이 냉장고 채소칸에 통째로 보관하거나 얇게 썰어 유리 단지에 보관한다.
- 가지 : 별도 포장 없이 냉장고 채소칸에 통째로 보관한다.
- 무화과 : 마른 행주나 티 타월로 감싸서 보관한다.
- 포도 : 그릇에 담아 냉장고 선반에 보관한다.
- 그린빈 : 별도로 포장하지 않고 냉장고 채소칸에 보관한다.

- 대파 : 뿌리를 물컵에 담가 보관한다.
- 케일 : 썰어서 유리 단지나 뚜껑이 있는 큰 용기에 보관한다. 먹기 직전에 씻는다.
- 상추 : 썰어서 유리 단지에 보관하거나 뚜껑이 있는 큰 용기에 보관한다. 먹기 직전에 씻는다.
- 버섯 : 뚜껑은 덮지 않고 그릇에 담아 보관한다.
- 완두콩 : 유리 단지에 보관한다.
- 무 : 잎사귀는 떼어내고 썰어서 유리 단지나 기타 밀폐 용기에 보관한다. 잎사귀는 샐러드용 채소로 사용할 수 있으며 먹기 직전에 씻는다. 썰지 않고 통째로 보관하는 방법도 있다.
- 대황(루바브) : 마른 행주나 티 타월에 싸서 보관한다.
- 시금치 : 썰어서 유리 단지나 밀폐 용기에 보관한다. 먹기 직전에 씻는다.
- 순무 : 썰어서 유리 단지에 보관한다.
- 애호박 : 별도로 포장하지 않고 통째로 보관한다.

tip

✦ 채소는 반드시 먹기 직전에 씻어야 한다. 특히 베리류의 과일은 절대 미리 씻지 않는다.

✦ 푸른 잎 채소는 습기 방지를 위해 마른 천으로 감싸서 보관한다.

✦ 상하기 쉬운 식재료를 먼저 먹고 보존성이 좋은 재료는 나중에 먹는다.

#18   물 정수하기

지역에 따라 수돗물 맛이 다르다. 다행히 플라스틱에 의존하지 않고도 물을 필터에 걸러 먹을 수 있는 간편한 방법이 있다. 이미 플라스틱 필터를 사용 중이라면 필터의 수명이 다할 때까지 사용하자.

필터 안의 주요 내용물은 활성탄소로, 활성탄과 동일한 작용을 한다. 활성탄은 손쉽게 구할 수 있다. 활성탄은 습기를 모두 없애 구멍이 아주 많은 다공성 물질이다.

활성탄은 표면의 구멍으로 독성 물질을 흡수해 가둔다. 활성탄이 흡수하는 독성 물질에는 수은, 염소, 구리, 납 등이 있는데 불소는 흡수하지 못한다. 불소 입자는 매우 작아서 활성탄에 흡착되지 않는다. 사용한 활성탄은 한 달에 한 번 물에 넣고 끓여서 안에 흡수된 독성 물질을 배출시켜야 한다. 활성탄은 사용 빈도에 따라 4~6개월 정도 사용할 수 있다.

나는 유리병에 물을 받고 그 안에 활성탄을 담가서 사용한다. 뚜껑이 있다면 어떤 병이든 상관없다. 유리병에 수돗물을 받아 그 안에 활성탄을 넣고 1~2시간 정도 그대로 두면 정수된 물을 마실 수 있다. 나는 유리병에 넣은 활성탄을 교체 주기가 되기 전까지는 꺼내지 않고 물만 갈아서 계속 사용한다. 별다른 이유는 없고 그게 편하기 때문이다. 냉장고에 물 유리병 두 개를 두고, 한 병에서 정수 과정을 거치는 동안 다른 병에 정수된 물을 마신다. 버키Berkey사에서는 무동력 정수기*를 판매한다. 스테인리스로 된 큰 통에 두 개의 필터가 들어 있다. 공간은 조금 차지하지만 정수 성능이 뛰어나다.

---

* 국내에서 가장 많이 사용되는 무동력 정수기에는 '브리타Brita'가 있다. 정수기 용량과 음용량에 따라 한두 달에 한 번씩 필터를 갈아주고, 다 사용한 필터는 모든 구성품이 재활용 가능하다. 브리타는 2021년 9월부터 국내 필터 수거 프로그램을 시행하기 시작했다.

#19

비닐봉지

학창 시절에는 매일 땅콩잼과 과일잼을 바른 샌드위치를 점심 도시락으로 싸 갔다. 샌드위치는 비닐 지퍼 백에 넣어 가져가고 다 먹고 나면 그대로 버렸다. 매일 비닐봉지 하나씩을 버린 것이다. 따지고 보면 학교에 다니는 동안 2,275개의 비닐봉지를 쓰레기 매립지에 버린 셈이다.

지금도 나는 이 샌드위치를 무척 좋아해서 직장에 점심으로 자주 싸 가는데, 이제는 손수건이나 밀랍 랩으로 포장하거나 금속 도시락통에 담아서 다닌다. 샌드위치보다 좀 더 무거운 도시락을 가지고 다니거나 보온 보냉이 필요한 음식을 선호하는 사람이라면 재사용이 가능한 실리콘 재질의 스타셔 백Stasher Bags을 추천한다.*

크기가 다양해서 간단한 스낵부터 꽤 많은 용량의 음식까지 담을 수 있다. 식기 세척기에서 세척할 수 있고 영구적으로 재사용이 가능하다. 실리콘은 매우 견고한 물질이다. 어떤 이유에서든 이 실리콘 지퍼 백을 더 이상 사용하지 않는다면 제조업체에 돌려보낼 수 있다. 제조업체에서는 이 실리콘을 운동장 바닥재로 재활용한다.

---

* 국내에서도 정식 판매 중이며, 국내 기업에서 제조되는 실리콘 백으로는 신성실리콘에서 나온 '실리팟' 등이 있다.

#20 플라스틱 용기 활용법

플라스틱은 유독하고 독성 물질이 음식에 벨 수 있다. 나는 음식을 스냅웨어 같은 유리 밀폐 용기나 실리콘 백, 밀랍 랩, 스테인리스 용기 등에 보관한다. 음식을 보관할 때 플라스틱을 사용하지 않는 방법은 #17을 참고하길 바란다.

기존에 사용하던 플라스틱 밀폐 용기를 버리고 새 친환경 제품을 구입하는 것은 제로 웨이스트 방식에 어긋난다. 건강을 이유로 플라스틱 제품들을 버리고 싶다면 바로 버리지 말고 다양한 방법으로 재사용해보자. 다음은 오래된 플라스틱 용기를 다시 쓸 수 있는 몇 가지 방법이다.

퇴비 전용 통으로 활용하기

나는 부피가 큰 플라스틱 용기는 집과 직장에 있는 냉장고에 넣어 퇴비 처리 통으로 사용한다. 회사에 가져다놓은 통을 집이나 마당에 마련한 퇴비 처리 통으로 운반하기 수월하다.

직장에서 활용하기

나는 사용하던 플라스틱 용기 몇 개를 회사에 가져갔다. 탕비실에 비치해두거나 물건들을 정리할 때 사용한다. 가끔 회사를 방문하는 손님들이 음식을 가져오는데, 이때 먹고 남은 음식을 냉장고에 보관할 때 아주 유용하다.

물건 보관용으로 활용하기

우리 집에서는 오래된 플라스틱 밀폐 용기를 창고에서 나사나못 등을 정리하고 수납하는 공구함처럼 사용한다. 욕실에 두고 머리핀이나 머리끈 등을 담아놓기도 한다. 침실에도 액세서리 보관용으로 두어 개를 가져다놓았다.

쓰레기와 잡동사니로 뒤죽박죽인 서랍에도 사용할 수 있다. 내 잡동사니 서랍 속에는 건전지, 온갖 전선, 자질구레한 문구 용품 등이 있다. 나는 작은 플라스틱 용기에 다 쓴 건전지를 모아두었다가 폐건전지 재활용함에 버린다.

> *tip* 내가 가장 좋아하는 보관 용기는 스냅웨어Snapware의 유리 용기다. 용기는 유리로 되어 있고 뚜껑은 밀폐 기능이 있는 플라스틱으로 되어 있다. 뚜껑은 식기세척기에 넣지 않고 손으로 잘 씻으면 오래 사용할 수 있다. 내가 이 제품을 좋아하는 이유는 투명한 유리라서 안에 담긴 내용물의 상태를 쉽게 확인할 수 있기 때문이

다. 남은 음식을 유리 용기에 보관하는 습관을 들이면 음식물 쓰레기도 훨씬 줄일 수 있다.

#21

진짜 접시, 진짜 식기

일회용 접시나 식기 대신 '진짜' 접시와 식기를 사용하자. 물을 아낀다는 이유로 일회용 종이 접시나 플라스틱 수저를 사용하는 사람들이 꽤 많은데, 문제는 일회용품 쓰레기와 이런 제품을 만들 때 사용되는 자원이다. 일회용 종이 접시 하나를 만드는 데 30L의 물이 들어간다는 사실을 알고 있는가? 진짜 접시, 진짜 식기를 사용하는 간단한 방법으로 자원 낭비를 줄일 수 있다.

천으로 된 냅킨을 깔면 식탁이 근사해진다. 천 냅킨은 주로 크리스마스나 특별한 날에만 사용되는 경우가 대부분이지만, 나에게 천 냅킨 없는 식탁은 상상도 못할 일이다.

일회용 냅킨을 천 냅킨으로 바꾸는 과정은 매우 간단하다. 일단 자꾸 사용하다 보면 습관이 된다. 나는 식탁에 큰 바구니를 올려놓고 거기에 천 냅킨을 넉넉히 담아둔다. 식사 시간에는 바구니에서 냅킨을 꺼내 사용한다. 저녁 식사를 마친 뒤에도 냅킨이 깨끗하다면 사용했던 사람의 자리에 그대로 둔다. 더러워진 냅킨은 빨래 바구니에 넣거나 다음에 잊어버리지 않고 다른 세탁물과 같이 세탁할 수 있도록 곧장 세탁기에 넣기도 한다.

천 냅킨은 부피가 워낙 작아 빨래할 때 큰 비중을 차지하지 않는다. 천 냅킨을 빨아 쓴다고 해서 수돗물 요금이 더 나오지는 않는다.

#23   수세미와 세척솔

처음부터 쓰레기를 만들지 않는 것이 최선이지만 선택의 여지가 없을 때도 있다. 아직 영구적으로 사용할 수 있는 수세미나 설거지용 솔은 찾지 못했다. 내가 할 수 있는 최선은 퇴비 처리가 가능한 소재로 된 제품을 사용하는 것이다. 나는 대나무로 된 냄비용 솔이나 병 닦는 솔, 강판 세척솔 없이는 못 산다. 대나무 수세미는 스펀지보다 더 위생적이고 오래 쓸 수 있다. 대나무 세척솔 수명은 평균적으로 약 1~2년이다. 대나무 세척솔의 또 다른 장점은 플라스틱 제품보다 예뻐서 사용할 때마다 즐겁다는 점이다.

#24   유독한 물건 없애기

나는 누군가에게 무언가를 버리라고 선뜻 말하지 못한다. '더 근사한 친환경적' 삶으로 업그레이드하려고 잘 사용하던 물건을 버리는 것은 본질적으로 친환경적이지 않다고 생각하기 때문이다.

삶을 좀 더 즐겁고 편안하게 해주는 물건을 구매하는 것은 전혀 잘못된 일이 아니지만 어떤 소비를 할 것인지에 관해서는 좀 더 신중할 필요가 있다. 앞에서도 언급했듯이, 물건을 구매할 때는 판매자의 의도를 좀 더 꼼꼼히 살펴보아야 한다. 단순히 물건을 팔려는 것인가? 사회에 이윤을 환원하는가? 제품이 어떻게, 어떤 재료로 만들어지는지 솔직하고 구체적인 정보를 제공하는가? 환경친화적인 기업이라면 정직할 것이다. 자신들이 좋은 일을 하고 있다고 말하지 못해 안달 나 있을 것이다.

나는 그 물건이 해로울 때만 버리라고 말한다.

나는 제로 웨이스트를 하면서 건강에 신경 쓴다. 청소 도구; 미용 도구, 난연성 가구, 테프론 코팅(불소와 탄소를 결합한 화합

물로, 프라이팬 등에 음식이 달라붙지 않게 하는 용도로 많이 사용된다)
이 된 프라이팬, 과불화화합물(PFCs)이 코팅된 치실, 내분비계
교란을 유발할 수 있는 플라스틱 용기 등 일상 용품을 살펴보자.
우리가 매일 사용하는 수많은 물건이 내분비 체계를 무너트릴
수 있다. 스트레스, 수면 부족, 지나친 당분 섭취, 과도한 카페인
섭취 등도 마찬가지다.

제노에스트로겐도 내분비계 교란을 일으킨다. 제노에스트로
겐은 에스트로겐과 유사한 화학물질이다. 에스트로겐은 가슴,
피부, 생식계통 조직의 성장과 발달에 관여한다. 에스트로겐이
과도하게 분비되거나 제노에스트로겐에 자주 노출되면 부자연
스러운 조직 성장으로 종양과 난종이 생긴다. 그뿐 아니라 몸무
게가 늘어나거나 내분비계의 균형이 무너지기도 하는데, 이 균
형이 무너지면 호르몬을 조절하는 기능에 문제가 생긴다.

나는 20살 때 유방암에 대한 공포가 생겼고 그 때문에 지금도
집에 물건을 들여올 때 매우 신중하게 고르는 편이다. 그래야 내
호르몬에 스트레스를 줄 수 있는 불필요한 접촉을 피할 수 있기
때문이다. 현대사회를 살아가면서 모든 접촉을 피할 수는 없지
만, 독성 물질이 포함된 제품과 플라스틱 사용을 최대한 줄이자
통증, 피부 트러블, 붓기, 극심한 피로감 등의 증상이 눈에 띄게
줄었다.

주방에서는 플라스틱으로 된 밀폐 용기나 식기를 사용하지

않고, 비닐이나 플라스틱에 포장된 제품을 구매하지 않으며, 플라스틱 도마와 테프론 코팅이 된 팬을 사용하지 않는다.

테프론 코팅 프라이팬이나 플라스틱 도마를 사용하고 있다면 좀 더 안전한 재질의 제품으로 바꾸길 권한다. 나는 나무 도마와 주물 프라이팬, 도자기 냄비 등을 사용한다. 처음에는 큰돈을 투자해야 하지만 평생 사용할 수 있으니 전혀 아깝지 않다. 나는 지름 20cm와 30cm짜리 프라이팬 두 개와 2L와 5L짜리 냄비 두 개를 사용한다. 요리를 무척 좋아하는 나에게는 이 네 개의 팬과 냄비면 충분하다. 어차피 내가 사용하는 레인지도 4구 짜리니까.

#25 식단 계획과 음식 준비

식단 계획은 건강한 식생활을 유지하고 음식물 쓰레기를 줄이는 데 중요한 역할을 한다. 그리고 그 방법도 매우 간단하다. 이 식단 계획은 실패할 일이 없으며 매우 융통성 있다. 화요일 저녁에 먹기로 한 라자냐가 막상 화요일이 되니 먹고 싶지 않다면 굳이 그 계획에 얽매이지 않아도 된다.

식단 짜기의 첫 단계는 우선 좋아하는 음식 목록을 작성하는 것이다. 가족과 함께 좋아하는 음식 목록을 만들어보자. 최소 20개 이상 적되 40개 정도가 가장 이상적이다. 우리 가족이 가장 좋아하는 식단 일부를 소개해본다.

렌틸콩 세퍼드 파이	스파게티
채식 버거	파마산 치즈를 뿌린 닭고기와 가지
피자	라자냐
포트 파이	볶음밥
맥앤치즈	소고기와 버섯과 브로콜리 볶음

퀘사디아	버섯을 곁들인 치즈스테이크
파히타	슬로피조
나초	시저샐러드

tip 핸드폰에 가족이 좋아하는 음식 목록을 저장해두자. 거창하게 작성할 필요 없다. 그저 집에 있는 식재료로 만들 수 있는지 여부를 쉽게 확인할 수 있으면 된다.

목록을 다 만들었다면 음식을 종류별로 분류하자. 가령, 우리 집 음식 목록은 미국, 이탈리아, 멕시코, 아시아 요리로 분류하며 같은 카테고리에 있는 음식은 들어가는 재료가 비슷하다.

화요일에 무슨 음식이 먹고 싶을지 정확하게 예측할 수 없어도 평소 자신이 어떤 음식을 어떤 주기로 먹고 싶은지는 대략 알고 있을 것이다. 나는 적어도 일주일에 한 번은 피자를 먹고 멕시코 음식은 매일 먹고 싶다. 이렇게 내가 좋아하는 음식을 토대로 일주일 치 식단을 만든다. 예를 들어, 미국 요리 두 번, 멕시코음식 두 번, 피자, 외식, 하루는 아시아 음식 또는 남은 음식 처리하기 정도로 계획을 세운다. 좋아하는 식단을 토대로 장을 보면 기본적으로 필요한 향신료나 식재료는 집에 항상 구비하게 된다. 나는 적어도 일주일에 두 번은 미국 요리를 해 먹기 때문에 집에 늘 감자, 렌틸콩, 병아리콩, 버터, 밀가루는 떨어지지 않게 채워놓는다. 여기에 그때그때 필요한 제철 채소를 추가로 준비하면 된다. 겨울에 포트 파이를 만들 때는 땅콩호박과 당근을 주재료로 만든다. 봄에 먹는 포트 파이에는 당근과 콩을 넣는다.

멕시코 음식 재료를 살 때는 토르티야, 토르티야 칩, 핀토 콩, 살사 소스를 빼놓지 않고 구매한다. 여름에는 옥수수와 고추가 듬뿍 들어간 음식을 즐겨 먹는다. 겨울에는 고구마나 콜리플라워 같은 식재료를 주로 사용한다.

좋아하는 음식으로 식단을 계획하고 장을 보면 일주일 중 아무 때나 음식을 골라 먹을 수 있고 재료도 융통성 있게 활용할 수 있다.

tip 음식물 쓰레기를 최소화하기 위해 냉동실을 활용하자. 빠르고 간편한 식사를 위해 식재료를 갈무리해 냉동실에 잘 보관해두면 좋다. 우리 집에서는 삶은 콩을 얼려두었다가 먹기 전에 해동한다. 음식을 냉동해두면 통조림에 담겨 있지 않더라도 철 지난 음식을 먹을 수 있다. 지금도 우리 집 냉동실에는 얼린 콩이 세 병이나 있다. 재료를 씻고 손질한 뒤 적당한 크기로 자른다. 자른 음식은 쟁반에 펼쳐 냉동실에 넣는다. 이렇게 얼리면 서로 달라붙지 않고 요리를 할 때도 정확히 필요한 만큼만 꺼내서 사용할 수 있다. 펼쳐둔 재료가 완전히 얼면 적당한 용기에 옮겨 담고 냉동 보관한다.

tip 음식물 쓰레기를 줄이는 또 다른 간편한 방법은 유통기한을 정확히 이해하는 것이다. 미국의 경우, 사용기한(음식을 먹어야 하는 마지막 날짜), 유통기한(최상의 신선도로 음식을 먹을 수 있는 마지막 날짜), 판매기한(소매상인들이 제품을 팔아야 하는 마지막 날짜)으로 구분한다.*

---

* 국내에서는 1985년부터 38년간 식품에 '유통기한'을 표시해왔다. 「식품 등의 표시·광고에 대한 법률」개정에 따라 2023년 1월 1일부터 '유통기한' 대신 '소비기한'을 표시하기로 했다. 소비기한을 적용하면, 식품 폐기물을 저감해 식품 생산 및 폐기 등에 들어가는 막대한 비용과 자원을 절감할 수 있다.

#26 자투리 재료 활용하기

음식을 버리기 전에 이렇게 물어보자. "먹을 수 있는가?" 우리가 먹는 음식이 식탁에 올라오기까지는 무수한 자원이 들어간다. 모든 음식과 식재료를 귀하게 여기는 마음으로 남김없이 먹고자 노력해야 한다. 다음에 나오는 요리법은 나의 개인적 취향에 맞춘 것이므로 참고만 하고, 각자 입맛에 맞는 방법을 찾길 바란다.

브로콜리 줄기 코울슬로

재료
- 중간 크기 브로콜리 1컵
- 당근 1컵
- 사과 1컵
- 파프리카 1컵
- 다진 마늘 두 쪽
- 올리브유 2큰술
- 간장 또는 타마리 간장 2큰술
- 쌀식초 1큰술

- 참기름 1/2작은술
- 라임즙 (라임 반 개)

나는 브로콜리 줄기를 잘게 썰어 조리한 후 잭푸르트(열대 과일의 일종. 질감이 고기와 비슷해 최근 채식주의자들에게 고기 대용으로 인기가 많다)와 함께 샌드위치에 넣어 먹거나 검은콩과 섞어 타코에 올려 먹는다.

브로콜리, 당근, 사과, 파프리카를 잘게 썰어 위 재료를 샐러드볼에 모두 넣어 섞으면 완성된다.

당근 잎 페스토

재료
- 잘게 썬 당근 잎 1컵 (줄기가 아닌 잎사귀 부분만 사용한다)
- 피스타치오 1/4컵
- 레몬 1개로 낸 즙
- 마늘 두 쪽
- 영양효모 2큰술
- 올리브유 1/4컵
- 물 1/2컵
- 소금과 후추 약간

이 페스토 소스로 파스타를 만들거나 채소 스틱을 찍어 먹는 소스로 활용할 수 있다. 나는 아주 맛있는 여름 토마토를 넣은 샌드위치에 이 소스를 펴 발라 먹곤 한다.

위 재료를 믹서기에 넣고 걸쭉해질 때까지 1분 정도 갈면 완성된다.

딸기 꼭지 데킬라

보통 딸기를 먹을 때 꼭지 잎사귀는 자주 버리지만, 이 잎사귀는 칵테일의 훌륭한 재료다. 나는 딸기 마가리타 같은 여름용 칵테일을 만들 때 이 재료를 자주 사용한다.

> 재료
> - 딸기 꼭지 12개
> - 데킬라 240mL

유리병에 위 재료를 섞어 넣고 뚜껑을 돌려 꽉 잠근 뒤 2~3일 정도 보관한다. 꼭지를 걸러내고 마신다.

자투리 채소 육수

셀러리나 당근의 꼭지 부분, 당근 껍질, 양파 껍질, 마늘 껍질, 버섯 줄기, 파 뿌리, 부추 뿌리, 타임이나 파슬리 자투리 부분 등을 버리지 말고 잘 모아두자. 케일 줄기나 브로콜리 줄기는 쓴맛이 나므로 권하지 않는다.

1. 자투리 채소와 월계수 잎 두 장을 전기 찜솥에 넣는다.

2. 재료가 잠길 정도로 물을 붓는다.

3. 높은 온도에서 4시간, 또는 낮은 온도에서 8시간 가열한다.

완성된 자투리 채소 육수로 밥을 짓거나, 퀴노아를 삶거나, 스프를 만든다. 건더기는 빵이나 만두 등과 같은 다른 요리의 속재료로 활용할 수 있다. 남은 육수는 유리 단지에 넣어 냉동 보관한다.

tip 음식을 유리 용기에 담아 냉동 보관할 때는 주의해야 한다. 입구가 넓은 유리 단지는 음식을 꽉 채우지 말고 입구에서 5cm 정도 공간을 남기고 채운다. 입구가 좁은 유리병은 병목을 제외하고 병어깨에서 5cm 정도 공간을 두고 음식물을 채운다. 내용물이 냉동될 때 부피가 팽창하기 때문에 유리가 깨질 수 있다.

#27 퇴비 만들기

퇴비화는 정말 놀라운 방법이다. 이는 생명의 순환을 완성한다. 이 방식을 활용하면 사과 한 개를 남김없이 해치울 수 있다. 사과를 다 먹고 나면 가운데 심과 씨를 두엄더미에 둔다. 시간이 지나면 비옥한 토양이 되어 싱싱한 사과를 더 많이 재배할 수 있다. 정말 굉장한 자연의 섭리 아닌가!

미국 가정집에서 일 년 동안 배출하는 유기물 쓰레기는 평균적으로 약 295kg 정도로, 대부분 쓰레기 매립지에 버려진다. 쓰레기 매립지에서 유기물 쓰레기가 차지하는 비중은 60%가 넘는다. 언뜻 생각하면 그 유기물이 거대한 매립지 안에서 분해될 것 같지만 사실은 그렇지 않다. 매립지는 공기가 통하지 않기 때문이다. 매립지에서는 유기물이 제대로 썩지 못한 채 무기물과 영원히 뒤섞여 있다. 이때 유기물은 혐기 분해된다. 즉, 산소가 부족한 상태에서 불완전하게 분해되면서 공기 중에 메탄가스를 배출하는 것이다. 메탄가스는 이산화탄소보다 10~30배 강력한 온실효과를 가져온다.

다행히 퇴비화 과정은 매우 간단하다. 집 안이나 마당에서, 지자체 프로그램을 통해서, 지역 공동체를 통해서, 관련 서비스를 제공하는 업체를 통해서도 할 수 있다. 사는 지역에 따라 지자체나 다른 단체에서 산업용 퇴비화 프로그램을 운영하는 곳도 있다. 인터넷에 검색해보자. 지자체든 단체든 내가 아닌 다른 사람의 손을 빌린다면 골치 아플 일이 없다. 관련 프로그램을 운영하는 곳에서 전용 통을 마련해준다. 거기에 유기물을 버리기만 하면 된다. 통이 가득 차면 담당 기관에서 수거해 영양가가 풍부한 비료로 만든다. 경우에 따라서 약간의 비용을 받는 곳도 있다.

> *tip* 오해는 금물! 퇴비는 나쁜 냄새를 풍기지 않는다. 음식물 쓰레기에서 냄새가 나는 이유는 유기물과 무기물이 섞여 있기 때문이다. 쓰레기 매립지에서와 마찬가지로 유기물이 분해되지 못해 고약한 악취를 풍기는 것이다. 유기물이 흙 같은 다른 유기물과 섞이면 분해가 제대로 이루어지고 악취도 풍기지 않는다.

퇴비화가 가능한 것은 무엇인가?

모든 유기물은 퇴비화할 수 있다. 단, 뼈, 유제품, 고기는 산업용 퇴비 처리 시설에서만 퇴비화가 가능하다.

- 재 / 뼈 / 시리얼 상자 / 옥수수 속대 / 원두 찌꺼기 / 유제품

- 세탁물 거름망에 걸러진 먼지 보푸라기(단, 천연 소재로 된 옷에서 나온 먼지만 가능)
- 달걀 껍질 / 생선 / 꽃 / 종이 달걀 판
- 과일이나 채소 껍질 / 잘라낸 풀 / 머리카락 / 건초나 짚 / 초식 동물의 배설물 / 나뭇잎
- 고기 / 천연 섬유 조각(울, 면, 린넨, 삼베, 실크) / 신문 / 플라스틱이 아닌 티백
- 견과류 껍질 / 종이봉투 / 피자 상자 / 톱밥 / 파쇄된 종이 / 식물의 줄기나 대 / 찻잎
- 두루마리 휴지 심 / 표백하지 않은 유기농 면 탐폰 / 표백하지 않은 종이 타월과 냅킨
- 진공청소기 먼지

퇴비 전용 통으로 적합한 용기는 무엇인가?

밀봉된 통

유지 보수가 거의 필요 없다. 음식물 찌꺼기를 넣은 뒤 가끔 저어주고, 이따금 물을 부어주면 된다. 하지만 꽤 손이 가는 편이다. 동물들이 파헤치는 것을 막기 위해 뚜껑이 있어야 하고 옆부분과 윗부분에는 공기가 통하도록 작은 구멍들이 뚫려 있어야 한다. 위에서는 새로운 퇴비 재료를 계속 넣어주는 한편, 바닥에

는 완전히 퇴비가 된 내용물을 꺼내기 위해 여닫을 수 있는 개폐 장치가 있어야 한다. 이 방식은 각종 유기물을 퇴비로 만드는 데 가장 오랜 시간이 걸린다. 전용 통을 구매해도 되고 직접 만들 수도 있다. 찾아보면 DIY 퇴비 통 만드는 방법이 많이 나와 있다.

회전식 퇴비 제조기*

역시 손이 많이 가지 않는 아주 편리한 도구다. 음식물 찌꺼기를 넣고 내용물에 공기가 통하도록 자주 돌려주면 된다. 이 회전식 퇴비 통은 한 칸이나 두 칸으로 되어 있다. 한 칸짜리 퇴비 통은 안의 내용물이 완전히 퇴비화될 때까지 기다렸다가 새로운 음식물 찌꺼기를 넣어야 한다. 퇴비화가 완료되기까지 보통 한 달 정도 소요된다.

땅에 묻기

구덩이는 언제든 팔 수 있다. 마당에 50cm 깊이로 구덩이를 파고 음식물 찌꺼기를 넣어 다시 흙으로 덮으면 된다. 퇴비가 되기까지 약 한 달 정도 시간이 걸린다.

마당이 없는 공동주택에 살고 있다면

방법은 얼마든지 많다. 아파트나 빌라와 같은 공동주택에 살고 있다면 벌레들의 도움을 받자. 벌레 통은 구입하거나 직접 만들고 준비한 통에 지렁이들을 넣으면 된다. 지렁이는 낚시 용품 전문점 등에서 구할 수 있다. 지렁이들이 잘 지낼 수 있도록 분무기로 물을 뿌려 흙을 항상 촉촉하게 유지하되 단, 흥건하게 적시면 안 된다. 흙에 갈색 종이류와 채소 이파리 같은 초록색 음식물 찌꺼기를 적당히 섞어주면 된다. 지렁이는 온도에 매우 민감해 실내에 두는 것이 안전하다.

아쉽게도 감귤류는 퇴비 재료로 사용할 수 없지만 감귤 껍질을 설탕에 절여 간식으로 먹을 수 있다.

직접 하는 것이 내키지 않고 가까운 곳에 퇴비화 프로그램을 운영하는 곳이 없다 해도 다른 몇 가지 방법이 있다.

- 주위에 직접 퇴비를 만드는 사람이 있는지 찾아보고 내 음식물 찌꺼기를 가져가 같이 처리해줄 수 있는지 알아보자.
- 주위에 닭을 키우는 사람이 있는지 찾아보자. 닭은 인간이 먹는 음식 대부분을 먹는다.
- 농산물 직매장에 직접 농사를 짓는 농부가 있는지 찾아보자. 농부는 늘 퇴비를 필요로 한다.
- 지역에서 공동으로 가꾸는 텃밭이 있는지 찾아보자.

....

* 외국에서는 회전식 퇴비 제조기Tumbling composter를 쉽게 구할 수 있지만 국내에는 흔하지 않다. 대신 음식물 쓰레기를 퇴비로 만들어주는 음식물 처리기 전문 브랜드가 여러 개 있다.

Part 3

욕실에서

욕실은 작은 공간이지만 쓰레기가 가장 많이 나오는 곳이다.

많은 사람이 욕실에서 발생하는 쓰레기를 분리배출하는 것을 잊어버리고,

두루마리 휴지 심처럼 완벽하게 재활용이 가능한 쓰레기도 그냥 버린다.

면봉, 탐폰, 생리대, 면 제품 등 가장 흔하게 사용되는 일회용품 목록을

정리해보자. 이러한 생활 습관에 간단한 변화만 줘도 환경에 큰 도움이 된다.

#28 치실

치실은 그 자체로 플라스틱이다. 플라스틱으로 되어 있을 뿐 아니라 과불화화합물(PFCs)로 코팅하는데, 이는 수소를 불소로 치환한 화합물로 치실 표면을 더 매끈하게 만들어주는 역할을 한다.

과불화화합물은 테프론에도 포함되어 있으며 갑상선 질환, 치매, 암, 불임, 선천적 결손증 등을 유발하기도 한다. 치실을 사용하고 난 후 구강 내에 남은 과불화화합물은 몸에 쉽게 흡수된다. 이런 치실을 더 이상 계속해서 사용해서는 안 된다. 더 안전한 대체재를 찾는 것이 최선이다.

나는 덴탈레이스Dental Lace에서 나온 실크 치실을 사용한다.*실크 치실은 퇴비화가 가능하다. 게다가 이 제품은 플라스틱 용기가 아닌 금속 뚜껑과 유리로 된 용기에 들어 있으며, 같은 용기에 치실만 리필 가능하다.

나는 물을 이용한 구강 세척기(워터 플로서)도 사용한다. 이 도구는 강력하게 물을 분사함으로써 잇몸을 자극해 잇몸 건강 개

선에도 도움을 준다. 특히 교정기를 착용한 사람에게 매우 유용하다.

---

* 국내에서는 해외 직접 구매를 통해 구할 수 있다. 온라인에 '천연 치실', '친환경 치실'이라고 검색하면 국내에서 판매되는 다양한 친환경 제품을 찾을 수 있다

구강 건강은 매우 중요하다. 하지만 모두를 만족시키는 유일한 해결책은 없다. 나는 수제 치약 가루를, 남편은 치약을 사용한다. 우리 부부는 6개월에 한 번씩 치과에 가서 정기 검진을 받는다. 치아 건강을 위해 우리 나름대로 최선을 다하는 것이다.

여기서 소개하는 DIY 방법이 여러분에게 맞지 않을 수도 있다. 하지만 쓰레기를 만들지 않는 삶이 여러분의 건강에 해를 끼칠 이유는 전혀 없다. 완벽한 제로 웨이스트란 없으며 쓰레기는 앞으로도 계속 나올 것이다. 건강이 가장 중요하다.

시중에 파는 치약의 가장 큰 문제점은 바로 미세 플라스틱이다. 미세 플라스틱은 말 그대로 아주 작은 플라스틱 입자로, 크기가 너무 작아 여과 장치에 걸러지지 않는다. 이 미세 플라스틱은 수로를 타고 바다에 그대로 흘러 들어간다. 바다로 흘러간 플라스틱은 스펀지처럼 박테리아를 흡수한다. 물고기들은 미세 플라스틱을 먹이로 착각하고, 물고기 몸에 쌓인 미세 플라스틱은 먹이 사슬을 타고 우리에게 되돌아온다.

Do It Yourself (DIY)

치약 가루를 적극적으로 사용하시던 우리 할머니 덕분에 나도 치약 가루 만드는 법을 배울 수 있었다. 나는 할머니의 방식대로 만든 치약 가루를 사용하다가 치과 의사에게 자문을 구했다. 치과 의사는 베이킹 소다를 추천했다. 베이킹 소다는 시중에 판매되는 치약보다 연마 기능이 약하지만 민감한 내 치아에는 다소 자극적이었다. 베이킹 소다를 할머니의 치약 제조법에 적절히 섞으니 비로소 내게 딱 맞는 치약 가루를 완성할 수 있었다.

운 좋게도 내가 사는 지역에는 건강식품 상점이 있어서 필요한 재료를 모두 쉽게 구입할 수 있다. 집 근처에 재료를 살 곳이 마땅치 않으면 #9를 참고하길 바란다.

기본 재료

- 자일리톨: 자일리톨은 천연 감미료다. 치아에 박테리아가 들러붙지 못하게 해주며 구강 내 pH(수소 이온 농도 지수)를 중성으로 만들어 충치를 예방한다.

- 베이킹 소다: 부드러운 연마제다. 치석을 제거하고 치아에 얼룩을 유발하는 분자를 분해하며 구강 내 pH를 중성으로 유지한다.

- 벤토나이트 점토: 칼슘이 함유된 부드러운 점토다. 독성 물질을 제거하고 미네랄을 공급하는 데 도움을 준다. 단, 금속 도

구와 함께 사용하지 않도록 한다. 금속이 점토의 효능을 감소
시킬 수 있다.

매일 사용하는 가루 치약

> 재료
> - 자일리톨
> - 베이킹 소다
> - 벤토나이트 점토

위 재료를 1:1:1의 비율로 잘 섞어 작은 유리 단지에 담아둔다.
칫솔을 물에 적셔 치약 가루를 묻혀 사용하면 된다.

미백 치약

> 재료
> - 자일리톨
> - 베이킹 소다
> - 벤토나이트 점토
> - 활성탄

미백 치약은 매일 사용하지 않는 것이 좋다. 일주일에 두세 번
정도는 괜찮지만, 치아가 시리다면 즉시 사용을 중단해야 한다.
　위 재료를 1:1:1:1의 비율로 섞어 유리 단지에 담아둔다. 마
찬가지로 금속 제품과 닿지 않도록 주의한다.

불소 치료

우리 집 수돗물에는 불소 성분이 포함되어 있어 치약을 만들 때 굳이 불소를 따로 넣지 않는다. 다만, 치아 관리에 불소가 꼭 필요한 사람이라면 주기적으로 치과에 가서 불소 치료를 받도록 하자.

알루미늄 치약 튜브*

튜브 치약은 치약 짜개를 사용해 끝까지 알뜰하게 사용할 수 있다는 장점이 있다. 수제 치약을 별로 좋아하지 않는다면 시중에 판매하는 치약 중 알루미늄 소재로 된 튜브에 담긴 치약을 찾아보자. 튜브 치약이 처음 판매되기 시작한 19세기 후반에는 금속 재질 튜브가 보편적이었다. 일반 플라스틱 소재의 튜브와 달리 알루미늄 소재 튜브는 재활용이 가능하다. 튜브 끝을 잘라내 안에 남은 치약을 말끔하게 모두 사용하고, 깨끗하게 씻어서 재활용품으로 분리하면 된다.

고체 치약

고체 치약은 최근에 등장한 새로운 형태의 치약으로, 크기가 작고 알약처럼 생겼다. 입에 한 알 넣고 깨물어 부순 뒤 칫솔질을 하면 된다. 주로 유리병이나 종이 상자에 담겨 있다.

빈 용기 회수**

불소가 함유된 치약을 사용한다면 해당 제품이 테라사이클 협력 업체인지 확인하라. 테라사이클에 가입된 업체라면 빈 치약 튜브를 회수한다.

---

* 치약 튜브는 보통 여러 종류의 플라스틱이 혼합되어 만들어지고, 단일 소재가 아니기 때문에 그동안 재활용이 어려웠다. 미국 치약 시장을 선도하고 있는 '콜게이트 팜올리브'는 2022년 3월부터 재활용이 용이한 고밀도 폴리에틸렌(HDPE) 소재의 치약 튜브 제품을 출시했다. 재활용이 가능하다는 것을 알리기 위해 제품 전면에 "Recycle me!"를 표시했고, 2023년까지는 미국 전역에, 2025년까지는 전 세계적으로 판매되는 치약 제품군 포장에 적용하겠다고 밝혔다.

** 국내에도 '테라사이클 코리아'가 활동하고 있으며, 현재 국내외 기업들과 협력하여 재활용 프로그램을 활발하게 진행하고 있다. 특히 2018년부터 이마트, 한국P&G와 함께 진행한 '가져와요 플라스틱, 지켜가요 우리바다' 플라스틱 회수 캠페인을 진행하여 전국 이마트 오프라인 점포 79곳에 회수함을 설치하고 샴푸 용기나 칫솔 등 복합 재질로 이루어져 분리배출이 어려운 생활용품 플라스틱을 회수하고 있다. 더 자세한 정보는 테라사이클 코리아 홈페이지(www.terracycle-kr.com)에서 확인할 수 있다.

#30   칫솔

지금까지 만들어진 모든 플라스틱 칫솔은 하나도 사라지지 않고 그대로 지구에 남아 있다. 그렇다, 여러분이 사용했던 칫솔도 지구 어딘가에 그대로 남아 있다. 그런데 꼭 그래야만 할까? 칫솔은 제로 웨이스트를 향한 첫걸음을 떼기에 아주 좋은 도구다. 플라스틱 칫솔 대신 대나무 칫솔을 사용해보자!

시중에 유통되는 칫솔 중 완벽하게 퇴비화가 가능한 칫솔은 돼지 털로 칫솔모를 만든 칫솔이다. 1940년대까지만 하더라도 칫솔은 이렇게 만들어졌다. 나는 돼지 털로 이를 닦는 게 어쩐지 내키지 않아 브러시위드뱀부Brush with Bamboo 회사에서 나온 대나무 칫솔을 사용하고 있다. 이 기업은 친환경 칫솔을 만들기 위한 길을 개척하고 있으며, 완벽하게 퇴비화가 가능한 식물성 기반의 제품을 만들기 위해 노력하고 있다. 현재는 식물성 기반 재료 62%, 플라스틱 38%를 사용해 제조하고 있다.

대나무 브러시를 제대로 분리배출하려면 칫솔모를 모두 제거해야 하는데, 펜치만 있으면 어렵지 않게 분리할 수 있다. 대나무 칫솔대는 퇴비로 만들거나 땔감으로 사용할 수도 있지만, 일단 버리기 전에 대나무 칫솔은 청소 도구로 훌륭한 역할을 한다는 사실을 기억하자.

#31   면봉

어쩌면 면봉은 꼭 필요한 물건이 아닐 수도 있다. 사실 면봉은 귀 겉 부분을 닦는 데 쓰인다. 그런데 귀 겉 부분은 수건으로도 얼마든지 닦을 수 있다.

대부분 면봉의 몸통은 플라스틱으로 만들어진다. 이 플라스틱 대는 재활용되지 않는다. 면봉을 사용해야 한다면 종이로 된 제품을 고르자. 종이 면봉은 모두 퇴비 처리가 가능하다.

몇 번이고 재사용이 가능한 귀이개도 좋은 대용품이다. 귀이개는 실리콘, 스테인리스, 대나무 등 선택지가 다양하다. 자신에게 맞는 제품을 고르면 된다. 단, 귀이개를 사용할 때는 조심하자. 잘못하다가 귀를 다칠 수 있다.

#32　　　　　　　　　　　**두루마리 휴지**

미국인은 하루 평균 2만 7,000그루의 나무를 변기에 흘려보낸다. 정말 어마어마하게 많은 나무다. 다행히 낭비를 줄이는 방법은 다양하다. 하지만 집 밖에 있을 때는 휴지를 뜯을 때마다 얼마만큼 사용할지 의식하고 뜯는 것밖엔 아낄 방법이 없다. 나는 왜 화장실에서 야구공만큼의 휴지가 필요한지 이해되지 않는다. 한두 칸이면 충분한데 말이다.

기계식 비데: 우리 집은 화장실에 기계식 비데를 설치하고 휴지 사용량을 70%가량 줄였다. 기계식 비데는 전자식 비데에 비해 가격도 저렴하다.

기계식 비데는 변기와 가까운 수도관에 연결해 물을 공급하는 방식이다. 용변 후 손잡이를 돌리면 깨끗한 물이 나와 뒤처리를 할 수 있고, 그냥 휴지로 닦는 것보다 훨씬 효율적이다.

생각해보라. 새가 내 몸에 똥을 쌌다면 그냥 휴지로 닦고 말 것인가? 개똥을 맨손으로 치우고 그냥 휴지로 닦을 것인가? 그렇지 않다. 물로 씻어내야 한다. 용변을 본 후에도 마찬가지 아닐까?

마지막에 물기를 닦아내기 위해 휴지를 쓰긴 하지만 바람이 나와 건조까지 해주는 기계식 비데도 있다.

두루마리 휴지를 구매할 때: 나는 휴지를 살 때 100% 재활용된 펄프나 대나무, 사탕수수 펄프로 만들고 다른 나무는 일체 사용되지 않은 제품을 고른다. 낱개의 휴지는 비닐이 아닌 종이에 포장된 제품을 구매한다.

휴지 포장에 쓰인 상자나 종이, 휴지 심은 퇴비로 만들거나 재활용한다. 상자는 재사용한 뒤에 퇴비 처리 한다.

제조할 때 플라스틱이 사용되지 않는 휴지도 있다. 오프라인 상점뿐 아니라 온라인에서도 판매한다. 이러한 친환경 기업의 제품을 구매하는 것만으로도 세상을 더 나은 곳으로 만드는 데 일조할 수 있다.

---

tip 온라인 구매는 제로 웨이스트 방식에 어긋나지만 부득이하게 필요한 경우도 있다. 오프라인 상점의 물건들도 어딘가에서 배송되어 온 물건들이다. 물건을 직접 보고 고르면 품질을 확인하고 원하는 물건을 구입할 수 있어 번거롭게 반품하거나 교환할 확률도 낮아진다. 오프라인 상점이든 온라인 상점이든 제품이 어디서 만

들어졌는지 확인하고, 되도록이면 원산지와 거주지가 가까운 제

품을 사용하도록 노력하자.

#33 미용 티슈

나는 제로 웨이스트를 실천하기 오래전부터 손수건을 사용했다. 우리 아버지도 늘 손수건을 가지고 다니셨다. 어린 시절 매년 크리스마스가 돌아오면 아버지의 양말 속에는 항상 아버지 이름 알파벳 첫 글자가 자수로 새겨진 손수건이 들어 있던 기억이 난다.

남편을 처음 만났을 때, 가장 먼저 눈길이 간 것은 그가 늘 가지고 다니던 손수건이었다. 하루는 그에게 왜 항상 손수건을 가지고 다니는지 물었다. 그러자 이렇게 대답했다. "알레르기가 너무 심해서 코를 자주 닦는데 일반 휴지를 쓰면 살이 쓸리고 벗겨져서 아프더라고. 그래서 늘 손수건을 가지고 다녀." 그 말을 들은 나는 '그거 괜찮은데!'라는 생각이 들었고, 그때부터 나도 외출할 때 늘 손수건을 가지고 다니려고 노력했다.

그리고 얼마 지나지 않아 그가 옳았다는 생각이 들었다. 손수건을 사용한 뒤로, 코를 풀 때마다 살이 벗겨지거나 쓸리는 일이 줄었다.

내가 가지고 있는 아름다운 자수 손수건은 모두 증조할머니에게서 물려받은 것이고, 몇 개는 이사하는 사람들이 처분할 때 산 것이다. 혹시 알레르기가 심해 늘 재채기하고 코를 푸느라 민망했다면 이제 두려워하지 않아도 된다. 손수건이 코를 든든하게 지켜줄 것이다. 손수건을 사용하다 보면 감탄이 절로 나온다. 내가 사용하는 손수건들은 70~80년이 지났는데도 아직 멀쩡하다.

휴지 대신 손수건을 사용하면서 겪는 가장 큰 어려움은 뭔가 체계를 갖추기가 어렵다는 점이다. 손수건은 크기가 작고 잃어버리기도 쉽다. 그래서 나는 뚜껑이 있는 도자기 용기에 깨끗한 손수건들을 넣어둔다.

충분히 사용한 손수건은 빨래 바구니에 넣는다. 알레르기가 심한 계절에는 손수건을 많이 사용한다. 감기나 독감에 걸렸을 때는 사용한 손수건을 팔팔 끓는 물에 삶아서 말리고 다시 일반 세탁물과 함께 세탁한다.

화장을 지울 때 일회용 화장 솜을 사용한다면 부드러운 수건이나 재사용 가능한 면으로 바꿔볼 것을 권한다. 토너를 바르는 용도로 화장 솜을 사용해왔다면 스프레이 용기에 담긴 토너를 추천한다. 화장솜에 토너를 적셔서 바르지 말고 손에 덜거나 스프레이로 얼굴에 뿌린 후 부드럽게 흡수시켜주면 된다. 화장 솜을 사용하면 솜에 흡수되는 토너 양이 더 많다. 스프레이 토너를 사용하면 제품 구매 주기가 길어지고 낭비도 줄어든다.

#35 월경 용품

월경 기간에 제로 웨이스트를 실천하는 방법에는 여러 가지가 있다. 위생 속옷, 면 월경대, 월경컵 등이 있지만 우선 기존 제품들의 문제점부터 짚고 넘어가자.

기존의 탐폰과 월경대는 플라스틱 성분이 포함되어 있다. 특히 월경대에는 비닐봉지 네 장에 달하는 플라스틱이 함유되어 있다. 게다가 이들 제품은 하얗게 만들기 위해 표백 과정을 거친다. 민감한 부위에 이런 제품을 사용하는 것은 바람직하지 않을 뿐더러, 월경통을 악화시키기도 한다.

탐폰의 역할은 월경혈을 흡수하는 것인데, 안타깝게도 월경혈뿐 아니라 자연적으로 생기는 분비물도 모두 흡수해 질 내 pH 균형을 깨트리고 감염에 취약한 상태로 만든다.

보통 4~8시간 주기로 탐폰을 교체한다고 가정하면, 그때마다 화장실로 가야 하고 추가로 쓰레기를 만들게 된다.

월경컵: 탐폰의 대안으로 아주 좋은 월경컵은 재사용이 가능하

다. 월경컵은 의료용 실리콘으로 제작되며 월경혈을 흡수하는 것이 아니라 모아둔다. 대부분 월경컵은 고성능의 탐폰 두 개 정도의 역할을 하며 12시간에 한 번 정도 갈아주면 된다(이는 어디까지나 최장 시간이며, 위생상 자주 갈아줄수록 좋다. 또한 컵의 용량이나 월경량은 개인마다 다르므로 각자 주기에 맞춰 사용하는 것이 적절하다). 제대로만 사용한다면 착용하고 있는지조차 잊어버릴 정도로 착용감이 편하다. 게다가 월경통 완화에도 도움이 된다. 월경컵이 질 내벽에 달라붙으면서 약간의 압박을 가하는데, 이 압박이 월경통을 경감시키기도 한다.

월경컵이 가득 차면 변기에 앉아 비우고 컵을 씻어 다시 사용하면 된다. 공중화장실에서는 휴지로 닦고 다시 사용하다가 기회가 될 때 물로 씻으면 된다.

월경이 끝나면 다음 주기를 대비해 월경컵을 삶아서 깨끗하게 보관한다.

면 월경대와 위생 속옷: 월경컵이 내키지 않으면 면 패드와 위생 속옷도 있다. 나도 월경량이 보통이거나 적을 때는 면 월경대와 위생 속옷을 자주 사용한다.

면 패드는 일회용 패드와 비교할 수 없이 좋다. 일단 면 월경대는 훨씬 부드럽고 착용감이 편하며 화학물질에 의한 피부 발진 등이 생길 염려도 없다. 일회용 월경대에 비해 나쁜 냄새도 훨씬 적게 난다. 일회용 월경대에서 나는 냄새는 유기물과 무기물이 만나서 나는 냄새다.

위생 속옷도 몇 번 사용해봤는데 양이 적을 때 사용하기 좋았다. 내가 사용하는 제품은 띵스Thinx 제품이다. 착용감이 편하고 과대포장을 하지 않아 처리할 쓰레기가 많지 않다.

면 월경대와 위생 속옷은 사용 후 맑은 물이 나올 때까지 헹군다. 널어서 건조한 뒤 다 마르면 빨래통에 넣어두었다가 일반 빨랫감과 함께 세탁기에 돌리면 된다. 다만, 건조기에는 넣지 않도록 주의하자.

#36   면도기

일회용 플라스틱 면도기 대신 스테인리스 안전면도기를 사용해보자. 수명을 다한 스테인리스 면도기는 100% 재활용이 가능하며 재활용하기에 앞서 수리도 가능하다. 스테인리스 면도기는 유지 관리의 편의를 위해 모든 부품이 낱낱이 분해된다. 50년대 면도기든 지난주에 생산된 면도기든 같은 면도날을 사용한다(그렇다, 면도기의 클래식, 안전면도기를 지금도 구할 수 있다!).

안전면도기는 일자형 몸체에 외날을 사용하는 경우가 많다. 면도할 때는 면도날을 30°가량 기울여 살짝 긁듯이 면도한다. 일반 면도기처럼 피부에 대고 누를 필요 없이 피부 표면에 대고 부드럽게 면도하면 된다.

다 사용한 면도날은 보관 통에 버린다. 면도날 역시 스테인리스 철로 만들어졌지만 일반 분리수거함에 버리지 못한다. 재활용 공장의 설비가 완벽하게 자동화되어 있지 않은 탓에 여전히 재활용품을 일일이 수작업으로 분류하는데, 면도날을 그냥 버리면 자칫 일하는 사람이 다칠 수도 있기 때문이다. 면도날을 버리는 통은 스테인리스로 된 통을 사용한다. 내용물을 비운 통조림통이 딱 좋다. 우선 통조림 뚜껑 부분을 면도날만 넣을 수 있게 작은 크기로 절개한다. 절개한 부분으로 통조림 안의 내용물을 모두 꺼내고 다시 물을 부어 통을 깨끗이 헹군다. 거꾸로 엎어두고 내부의 물기가 완전히 빠질 때까지 며칠 정도 건조한다. 물기가 다 말랐다면 버리는 면도날을 통 안에 차곡차곡 넣고, 뚜껑의 절개 부분을 밀봉해 금속 재활용 쓰레기로 분류한다. 이렇게 처리하면 기계로 분류할 수 있으므로 사람이 다칠 위험이 없다. 거주 지역의 폐기물 관리 업체 웹 사이트를 살펴보는 것도 하나의 방법이다. 면도날이나 배터리, 전자 제품 등 위험하거나 큰 물건을 별도로 수거하는 날을 확인할 수 있다.

안전면도기로 바꾸면서 돈도 많이 절약되었다. 일회용 면도기를 사용할 때는 일 년에 20달러짜리 면도기 한 묶음을 두세 번 구매했다. 안전면도기는 처음 살 때 35달러를 지불했고, 면도날은 100개짜리 한 묶음을 10달러 주고 구매했다. 값비싼 고급 면도기도 있지만, 안전면도기의 평균 가격은 약 20~50달러 정도다. 총 45달러를 들여 최소 6년 이상 사용하고 있으니 255달러는 절약한 셈이다.

제모를 할 때 또 다른 제로 웨이스트 방법으로는 레이저 제모가 있다. 물론 제모를 전혀 하지 않는 방법도 있다.

#37   피부 관리

모든 사람의 피부에 맞는 만능 피부 관리법은 없다. 이 장에서는 가장 일반적인 내용을 다룰 것이다. 개개인에게 맞는 피부 관리법은 각자 찾아보길 바란다.

　나에게 피부 관리는 아무리 노력해도 어려운 분야였다. 내게 맞는 관리법을 찾기 위해 돈과 시간과 눈물을 많이 쏟아냈다. 19살 전까지 내 피부는 결점 하나 없었지만 19살이 되면서 끔찍한 낭포성 여드름과 피부 트러블이 생기기 시작했다. 얼굴을 가득 뒤덮은 갈색 여드름은 무슨 수를 써도 사라지지 않을 것 같았다. 정말 할 수 있는 모든 방법을 동원해 직접 화장품을 만들거나 효과가 좋다는 화장품을 구매해서 사용하기도 했다.

　그러다가 결국 여드름을 해결해준 건 유방암 공포증을 겪은 뒤로 집중적으로 받은 호르몬 치료였다. 그때부터 나는 세안제, 화장품, 다이어트 등에 본격적으로 관심을 가지기 시작했다. 생활 방식을 바꾸자 여드름은 사라졌지만 그래도 피부 트러블은 여전했다. 특히 날씨와 수질의 영향을 많이 받았다. 4년 전 캘리

포니아로 이사한 후, 캘리포니아의 건조한 기후와 경수(센물) 때문에 피부 상태는 더욱 복잡해졌다.

나는 직접 만든 화장품과 구매한 화장품을 같이 사용하는데, 어느 쪽이든 화장품 성분을 1순위로 고려한다. 다행히 대부분 화장품 회사는 화장품 성분과 제품 포장 용기에 관한 정보를 상세히 밝혀주는 편이다.

내가 피하는 화장품 성분

- **파라벤**: 파라벤은 주로 제품의 방부제로 사용된다. 유방암과 불임 등을 유발하며 내분비계 교란을 일으키는 물질로 알려져 있다.
- **합성향료**: 향수 또는 화장품의 '향'을 내는 성분으로, 여러 화학물질이 혼합되어 있다. 향료는 영업 기밀이어서 업체 측에서 구체적으로 성분을 밝히지 않는다. 향수나 화장품의 향에 어떤 성분들이 뒤섞여 있는지는 아무도 모른다.
- **인공 색소**: 콜타르(석탄을 건류할 때 부산물로 생기는 흙갈색의 점성 높은 액상 물질)가 주원료로, 성분 라벨에는 FD&C, D&C, Red6 등으로 표기된다.
- **포름알데히드**: 주로 '포르말린'으로 알려진 수용액에 사용된다. 포름알데히드는 화장품이 썩지 않고 오래 보존되도록 한다. 암을 유발하는 물질로 알려져 있다.

- **톨루엔**: 톨루엔은 석유화학 물질로, 페인트 희석제 원료로 사용된다. 호르몬과 면역 체계에 교란을 일으킨다.

위에 언급한 물질들은 아주 소량만 사용하면 치명적인 해를 끼치지 않을지도 모르지만 나는 어떤 것도 매일 피부에 바르고 싶지 않다. 피부는 우리 몸에서 가장 큰 유기 조직이므로 우리 몸에 무엇을 바르고 사용할지 신중하게 생각해야 한다.

화장품 관련 정보는 미국 비영리 환경 운동 단체인 EWG에서 운영하는 EWG skindeep 사이트(www.ewg.org/skindeep)에서 도움을 받을 수 있다. EWG는 화장품의 성분을 기준으로 안전 등급을 매겨 제품을 고르는 데 도움을 준다.*

나는 샌프란시스코에 있는 뷰티 숍에서 화장품을 구입한다. 그곳의 화장품은 모두 엄격한 심사를 거쳤으며, 모든 제품이 친환경 화장품이 되기 위해 필요한 길고도 까다로운 요구 사항을 충족한 제품들이다. 비슷한 기준을 가진 화장품 업체로는 크레도뷰티Credo Beauty, 캡뷰티CAP Beauty, 디톡스마켓Detox Market 등이 있으며 온라인으로도 구매 가능하다.

화장품 용기

나는 화장품을 고를 때 투명한 유리 용기를 가장 먼저 찾는다. 투명한 유리는 색이 들어간 유리보다 재활용이 더 많이 이루어진다. 색이 들어간 유리는 그다음이다. 어쨌든 유리는 품질 저하 없이 영구적으로 재활용이 가능하다.

용기를 분해해 재활용할 수 있는지도 확인한다. 가령 화장품 병 안에 펌프가 들어 있다면 그 펌프와 뚜껑, 용기 등을 하나하나 분해해 따로 분리배출이 가능한지 확인한다. 기업에서 공병 회수 프로그램을 운영하는지, 수거한 용기를 소독해 재사용하는지, 적절한 방법으로 용기를 폐기하는지 등도 확인한다.

* 국내에도 EWG 등급을 확인할 수 있는 어플로 '화해', '글로우픽' 등이 있다. 다만, 비영리단체가 아니라 상업적 목적을 가진 기업이어서 제품 순위는 판매량이나 인기순 등에 크게 영향을 받는다.

로션은 직접 만들기 좋은 품목이다. 몸에 수분 및 영양을 공급하는 로션은 로션바, 액상형 로션, 바디 버터 등 그 형태가 다양하다.

바디 버터와 로션바는 수분이 들어가지 않아 상온에서 오래 보관할 수 있다. 물은 로션을 구성하는 가장 기본적인 재료다. 시중에 판매되고 있는 로션은 상온 보관이 가능하도록 몇 가지 보존제를 첨가한다.

집에서 로션을 직접 만들면 한두 달 정도 냉장 보관하며 사용할 수 있다. 하지만 나는 상온 보관이 가능한 로션을 만들고 싶었다. DIY를 정말 좋아하지 않는 이상 몇 주에 한 번씩 화장품 만드는 일을 꾸준히 할 수 없으리라고 판단했기 때문이다. 나는 화장품을 직접 만드는 것보다 그 시간에 다른 일을 하고 싶다. DIY가 재미없다는 말은 아니다. 꽤 재미있는 편이긴 하지만 화장품 만들기에 끊임없이 골몰하고 싶지는 않다. 나는 뭔가를 직접 만들어 사용할 때는 몇 가지 원칙을 세운다.

1. 그 일을 즐겨야 한다.
2. 최소한 6개월 이상 상온 보관이 가능해야 한다.
3. 덤으로 얻는 이익이 있어야 한다. 가령, 잔뜩 만들어서 두고두
   고 사용할 수 있거나 두 가지 이상의 목적으로 사용할 수 있어
   야 한다.

나와 생각이 같은 사람이라면 내가 제안하는 제조법이 무척
마음에 들 것이다. 또한 나의 화장품 제조법에는 코코넛 오일이
들어가지 않는다. 코코넛 오일은 피부에 더디게 흡수되고 끈적
거리며 모공을 막는다. 정제된 코코넛 오일은 피부에 더 빠르게
흡수되지만 포장되지 않은 제품을 찾기가 어렵다.

로션바

로션바는 어디든 간편하게 가지고 다닐 수 있다. 밀랍이 들어가
쉽게 녹거나 뭉개지지 않는다. 나는 우리 동네 양봉업자에게 밀
랍을 산다. 보통 450g에 20달러 정도인데 한 번 사면 몇 년 동안
사용할 만큼 양이 넉넉하다. 밀랍 대신 비건 왁스를 사용할 수도
있지만 나는 포장되지 않은 비건 왁스를 파는 곳을 아직 찾지 못
했다.

- 강판에 간 밀랍 또는 분말형 밀랍 1컵
- 올리브유 2컵 반
- 향료(선택 사항)

1. 올리브유와 밀랍을 한곳에 담아 중탕해서 녹인다.
2. 완전히 녹으면 향료를 첨가한 후(선택) 실리콘 틀에 붓는다.
3. 그대로 하룻밤 정도 굳힌다.

  아침에 눈을 뜨면 곧바로 사용할 수 있는 근사한 로션바가 완성되어 있을 것이다. 나는 작은 금속 통에 로션바를 보관한다.

tip 알토이즈Altoids 사탕 통을 로션바 보관 용기로 업사이클 해보자. 녹인 밀랍과 올리브유를 실리콘 틀이 아닌 알토이즈 통에 곧장 넣어도 된다. 내용물이 완전히 굳으면 손의 온기로 녹여서 사용할 수 있다.

끈적이지 않는 바디 버터

고체 타입의 바(bar)보다 피부에 듬뿍 바르는 크림을 선호한다면 바디 버터를 추천한다. 바디 버터는 꽤 끈적이는 편이다. 로션바보다 부드럽지만 그냥 로션만큼 부드러운 제형은 아니다.

  바디 버터에 들어가는 오일은 특히 흡수율을 신경 써서 고른다. 오일마다 피부에 흡수되는 정도가 다르다. 나는 홍화유(잇꽃 기름)를 사용하는데, 다른 오일에 비해 상대적으로 흡수가 잘 되고 저렴하며 일반 식품점에서 유리병에 든 제품을 쉽게 구할 수 있다.

재료	• 코코아 버터 3/4컵
	• 홍화유 1/4컵

1. 코코아 버터와 홍화유를 한곳에 넣고 중탕으로 녹인다.
2. 완전히 녹으면 어느 정도 식힌 뒤 냉장고에 넣는다.
3. 약 30분 뒤 완전히 차가워지면 공기와 잘 섞일 수 있도록 믹서기에 넣고 갈아준다. 공기가 들어가면 질감이 더 부드럽고 가벼워지며 양도 두 배로 많아진다.

　　코코아 버터는 상온에서도 꽤 지속성이 높아 여름에도 부드러운 질감을 유지한다. 만약 녹거나 뭉개지기 시작하면 냉장고에 넣었다가 다시 믹서기로 갈아주면 된다.

데오드란트는 내 최초의 DIY 작품이자 크나큰 실패작이었다. 데오드란트를 만들기 위해 나는 주방을 실험실로 만들었으며 내 안의 미치광이 과학자를 봉인 해제해버렸다.

유방암에 대한 공포는 내게 무수한 고통을 안겨주었다. 그날따라 유독 힘들었던 나는 삶의 많은 부분을 확 바꾸기로 마음먹었다. 그렇게 DIY의 세계와 자연 친화적인 삶에 발을 들였고 가장 먼저 만든 것이 데오드란트였다.

기존에 쓰던 땀 억제 기능이 있는 데오드란트를 천연 데오드란트로 바꾸고 나면 겨드랑이 땀이 줄어들고 냄새도 예전처럼 심하지 않다는 사실을 깨닫게 될 것이다. 땀은 몸 안의 박테리아와 반응할 때만 고약한 냄새를 풍긴다. 땀을 흘리는 것은 좋은 일이며, 땀 배출을 막으려고 땀구멍을 막아서는 안 된다.

데오드란트를 직접 만들어 사용한 뒤로, 그동안 나를 짓누르던 고통이 사라졌다. 이후 4년 동안 나는 아무런 고통도 느끼지 않았다. 그동안 내 몸이 땀 억제제 성분이 든 데오드란트에 거부

반응을 보였던 것이다.

내가 땀을 흘린다는 것을 받아들였다고 해서 땀에서 나는 냄새까지 받아들였다는 의미는 아니다. 다음은 내가 좋아하는 몇 가지 제조법이다.

겨드랑이 디톡스 팩

디톡스 단계는 짧게는 3일에서 길게는 3주까지 걸린다. 하지만 겨드랑이에 디톡스 팩을 바르면 좀 더 빨리 효과를 볼 수 있다.

겨드랑이 디톡스 팩을 3일 동안 바르고 나면 디톡스 과정이 모두 끝난다. 물론 사람마다 몸의 화학반응이 다르므로 하루나 이틀 정도 더 걸릴 수도 있다. 디톡스 팩을 자주 바르고 싶은 사람도 있을 것이다. 나는 보통 일 년에 한 번 정도 사용한다. 다음 제조법은 딱 한 번 사용할 수 있는 양이다.

> **재료**
> - 활성탄 가루 1작은술 반
> - 벤토나이트 점토 1작은술 반
> - 사과 초모 식초 1큰술

1. 위 재료를 그릇에 넣고 모두 섞는다. 얇고 부드러운 발림성을 위해 물을 1작은술 첨가할 수도 있다.
2. 손가락이나 브러시로 내용물을 겨드랑이에 펴 바른다. 내용물이 여기저기 묻는 것을 방지하기 위해 나는 샤워하기 전 팩

을 바른다.

3. 팩이 굳을 때까지 10분 정도 양팔을 번쩍 들고 기다린다.

4. 팩이 굳으면 샤워를 하며 헹궈낸다.

tip **벤토나이트 점토에 금속 수저가 닿지 않도록 주의하자! 금속 성분 은 벤토나이트의 효과를 감소시킨다.**

캐모마일 사과초모식초 롤온 데오드란트

사과초모식초는 겨드랑이에 서식하는 박테리아를 죽여 고약한 냄새를 없애주고, 사과초모식초의 산성 성분이 박테리아 번식 을 막아준다. 사과초모식초는 샐러드와 비슷한 냄새가 나는데 이 냄새가 마음에 들지 않으면 캐모마일을 섞어보자. 향과 효과 가 모두 좋아진다.

재료
- 사과초모식초 원액 1/2컵
- 캐모마일 꽃잎(차) 1/4컵
- 물 1컵

1. 끓는 물 1컵에 캐모마일 꽃잎을 넣고 진하게 우려낸다.

2. 꽃잎을 거른 후 캐모마일 차와 사과초모식초를 섞는다.

3. 롤온 용기에 용액을 약 30mL 정도 넣는다.

나는 이 롤온을 욕실 수납장에 넣고 2~3주가량 사용한다. 남은 용액은 얼음 트레이에 얼려서 보관한 뒤, 필요할 때마다 하나씩 녹여 사용한다. 30mL는 보통 2큰술 정도인데 일반적인 얼음 트레이 용량도 약 2큰술 정도다.

소금 롤온 데오드란트

소금은 강력한 천연 항균 물질이다. 소금을 첨가한 데오드란트를 사용하면 박테리아가 서식하던 퀴퀴한 겨드랑이에서 바다 향이 날 것이다.

> **재료**
> - 소금 1작은술
> - 물 2큰술

나는 믹서기에 소금을 곱게 갈아 사용하는 방법을 좋아한다. 소금을 곱게 갈면 부드러워지거니와 골고루 펴 바르기도 좋다.
이 소금물은 냉장고에서 2~3주 정도 보관할 수 있다.

> **tip** 직접 화장품을 만들 때, 정수된 물을 몇 분 정도 끓여 사용하는 것이 좋다. 물이 들어간 제품의 경우, 시간이 흐르면 미생물과 박테리아가 증식하기 좋은 환경이 조성되어 제품의 보존 기간이 짧은 편이다. 여기서 소개하는 수제 화장품 제조법은 보존제를 넣지 않

기 때문에 끓인 정수물로 보존 기간을 최대한 늘려야 한다. 그래도 최대 보존 기간은 냉장고에서 몇 주 정도밖에 되지 않는다.

일반 데오드란트

개인적으로 이 제조법으로 만든 데오드란트를 무척 좋아한다. 나는 이것을 '일반' 데오드란트라고 부르는데, 기존에 사용하던 데오드란트 용기에 담아서 사용할 수 있기 때문이다. 물론 작은 유리병에 넣어 사용할 수도 있지만, 시중에 판매되고 있는 롤업 방식의 용기가 사용하기 훨씬 편하다. 이 용기에 담아 사용하면 시중의 데오드란트처럼 매끄럽게 발리고 효과는 대단히 강력하다. '초강력' 데오드란트라고 불릴 만하다.

재료	
	• 시어 버터 3큰술
	• 강판에 간 코코아 버터 2큰술
	• 칡가루 3큰술
	• 베이킹 소다 2큰술
	• 비타민 E 또는 홍화유 2~3작은술

1. 강판에 간 코코아 버터를 중탕으로 녹인다.
2. 코코아 버터가 다 녹아 액체 상태가 되면 시어 버터를 넣는다.
3. 시어 버터가 다 녹으면 불을 끄고 베이킹 소다와 칡가루를 넣는다.

4.재료들이 뭉치지 않고 잘 섞이도록 저어준다. 여기에 비타민 E나 홍화유를 넣는다.

5.깨끗이 세척한 데오드란트 빈 용기에 붓는다. 그 상태로 상온에서 하루 정도 보관한다. 더 빨리 굳게 하려면 냉장고에 몇 시간 정도 넣어두면 된다. 제형이 굳으면 완성이다.

레몬 데오드란트

레몬 데오드란트는 다른 일반 데오드란트와 좀 다르지만 효과는 뛰어나다. 레몬 나무를 키우거나 집에 레몬이 많다면 레몬 데오드란트를 추천한다. 잔뜩 쌓아둔 레몬이 상해서 못 쓰게 되는 것보다는 활용하는 편이 훨씬 낫다.

방법은 아주 간단하다. 레몬을 얇게 썰어 겨드랑이에 문지르면 된다. 앞서 언급한 수제 데오드란트와 마찬가지로 레몬즙에는 산성 성분이 있어 냄새를 유발하는 박테리아를 제거해준다. 구연산 함량도 높아 땀구멍을 축소시키고 땀을 줄이는 데도 효과적이다. 땀구멍이 작아진다고 해서 아예 막는 것이 아니므로 괜찮다.

단, 주의해야 할 점이 있다. 레몬으로 문지른 후 해당 부위에 햇빛을 직접 쐬거나 태닝을 하지 않도록 한다. 레몬즙을 바른 부위에 햇빛이 닿으면 심각한 발진을 유발할 수도 있다.

#40   향수

대부분 향수에 가장 많이 사용되는 기본 재료는 향료다. 내분비계 교란 물질에 대해 알아보기 시작하면서 내 인생에서 가장 먼저 없앤 것이 향수다. 원래도 향수를 몸에 직접 뿌리지는 않았다. 기껏해야 향수 뚜껑을 열어두어 좋아하는 향이 퍼지게 하는 용도로만 사용했다. 이따금 특별한 날에는 옷에 뿌리기도 했다. 피부에 뿌리지 않은 이유는 내 피부에 닿는 물질의 정체를 알 수 없었기 때문이다.

나는 향을 무척 좋아하지만 아무리 좋은 향이라도 내 건강을 두고 타협하고 싶지는 않다. 안전하게 사용하고 싶다면 쓰고 있는 향수가 유기농 재료로 만들어졌는지, 합성 향료, 인공색소, 합성 물질, 파라벤 등이 들어갔는지 확인해보면 된다. 최근에는 많은 기업에서 친환경 향수 제품을 출시하고 있고, 친환경 여부를 먼저 검증해주는 뷰티 스토어도 많다. 게다가 고맙게도 대부분 향수는 유리 용기에 담겨 있어 보기에도 아름답고 재활용도 용이하다.

수제 천연 향수

대부분의 향수는 에센셜 오일을 조합해 만든다. 인터넷에 찾아 보면 에센셜 오일을 조합하는 방법이 아주 다양하지만 내 방식 은 조금 다르다. 나는 동네 찻집에서 말린 장미 꽃잎, 라벤더 꽃 잎, 캐모마일 꽃을 대용량으로 구매한다. 이 세 가지를 조합하면 꽃향기가 은은하게 풍긴다. 다른 향을 원한다면 얼마든지 다른 꽃이나 풀을 섞어도 된다. 일단 뚜껑이 있고 30mL 정도의 액체 를 담을 수 있는 유리병과 작은 롤온 용기를 준비하자.

재료
- 말린 장미 꽃잎 1/4컵
- 말린 라벤더 꽃잎 1/4컵
- 말린 캐모마일 꽃 1/4컵
- 홍화유 1컵
- 비타민E 오일 2큰술

1. 말린 꽃잎들을 30mL 유리병에 넣는다.
2. 거기에 홍화유를 붓고 뚜껑을 닫는다.
3. 창가에 두고 하루에 한 번씩 흔들어준다. 이 과정을 2~3주 정 도 반복하면 홍화유에 아름다운 꽃향기가 가득 벤다.
4. 꽃잎은 걸러내고 남은 홍화유만 롤온 용기에 담는다.
5. 손목, 팔꿈치 뒤, 무릎 뒤, 귀 뒤, 쇄골 중간 지점 등 좋아하는 부위에 바른다.

립밤은 로션바와 만드는 법이 비슷하다. 간단하게 제조한 혼합 재료를 작은 스테인리스 립밤 용기에 담기만 하면 된다. 색을 내는 립밤은 매일 사용하기 좋다.

무색 립밤

재료	• 밀랍 1큰술 • 올리브유 3큰술

1. 밀랍을 중탕으로 녹인다.
2. 밀랍이 완전히 녹으면 올리브유를 섞은 뒤 스테인리스 용기에 담는다. 나는 주로 뚜껑을 돌려서 여닫는 용기를 사용하는데, 가방에 아무렇게나 넣고 다녀도 새거나 다른 곳에 묻을 염려가 없기 때문이다.

색조 립밤

알카넷(자초)은 지중해 지역에서 자라는 허브로, 고대부터 붉은 색 염료로 사용되었으며 로간 조쉬(붉은 칠리를 넣어 조리한 양 또는 염소 요리) 같은 인도의 전통 음식에도 사용되었다.

| 재료 | • 밀랍 1큰술
• 올리브유 3큰술
• 알카넷 뿌리 1작은술 |

1. 작은 유리병에 알카넷 뿌리와 올리브유를 넣고 7~10일 정도 창가에 둔다.
2. 알카넷 뿌리만 걸러낸다. 올리브유에 밝은 분홍색이 감돌면 성공이다.
3. 중탕 용기에 밀랍을 녹인다. 밀랍이 완전히 녹으면 분홍색 올리브유를 넣는다.
4. 용기에 부어 굳힌다.

#42 색조 화장품

나는 직접 피부를 관리하는 것도 좋아하고 화장품 매장에서 하루 종일 화장품을 둘러보는 것도 좋아한다. 요즘에는 자체적으로 화장품 성분과 포장에 관심을 갖는 기업들도 많아졌다.

쇼핑을 할 때 기업이 유리, 스테인리스, 대나무 등으로 제품을 포장하는지 확인한다. 몇몇 기업은 리필용 제품을 판매하며, 이러한 리필 시스템이 점점 대중화되는 추세다. 스테인리스 용기에 자석을 부착해, 다 사용한 후 내용물만 교체하면 되는 제품들이 있다. 보통 아이섀도, 블러셔, 파운데이션 제품 등이 그렇다. 내용물을 다 사용하면 리필 제품을 구입해 본체는 놔두고 다 쓴 화장품만 교체하면 된다.

마스카라는 지속 가능한 포장 방법을 찾기에 가장 까다로운 품목이다. 러쉬Lush사에서 판매하는 마스카라는 유리 용기와 플라스틱 막대 브러시로 구성되어 있다. 유리 용기는 재활용이 가능하며 막대 브러시는 세척해 애팔래치아 야생동물 구조대로 보낼 수 있다. 애팔래치아 야생동물 구조대에서는 야생동물의 털에 달라붙은 파리 알이나 구더기를 제거하기 위해 마스카라 브러시를 사용한다. 키얼와이즈Kjaer Weis 역시 리필이 가능하도록 스테인리스 용기에 포장된 마스카라를 판매하고 있다.

#43 　헤어스프레이

머리에 약간의 볼륨감이나 컬을 줄 때, 머리 모양을 고정할 때 내가 직접 만든 헤어스프레이를 뿌려준다. 직접 만든 헤어스프레이에 보드카를 넣으면 몇 달 정도 안정적으로 사용할 수 있다. 알코올은 머리카락을 건조하게 만들 수 있으므로, 헤어스프레이를 매일 사용하는 사람은 보드카를 넣지 않고 냉장 보관하는 방법을 권한다. 냉장고에 보관하면 1~2주 정도 사용할 수 있다.

재료

- 자른 오렌지 1개
- 정수한 물 2컵
- 설탕 2큰술
- 보드카 1/4컵

1. 정수한 물에 얇게 자른 오렌지를 넣고 끓여 오렌지즙을 우려낸다.
2. 불을 낮추고 물이 절반으로 줄어들 때까지 뭉근하게 끓인다.
3. 물이 절반으로 줄면 설탕을 넣고 녹인다.

4. 오렌지 찌꺼기는 걸러내고 오렌지 용액만 스프레이 용기에 담는다.

5. 마지막으로 보드카 1/4컵을 넣으면 완성된다.

플라스틱 용기는 그렇다 치더라도, 시중에 판매되는 샴푸는 내분비계 교란 물질인 향료나 파라벤이 함유되어 있으며 우리 몸에서 분비되는 천연 유분도 모두 앗아간다. 유분이 없어지면 두피에서 더 많은 유분을 분비해 과도한 기름기가 생기고 결과적으로 샴푸를 더 많이 사용하게 된다.

　피부와 마찬가지로 모든 사람의 두피에 맞는 만능 샴푸는 없다. 이 장에서는 머리와 환경에 모두 이로운 샴푸를 만드는 방법 몇 가지를 소개하려 한다. 최근 가장 인기 있는 제로 웨이스트 방식으로는 노푸(no-poo, 샴푸 제품을 아예 사용하지 않는 방식), 로우푸(low-poo, 샴푸를 최대한 적게 사용하는 방식), 고체 샴푸 등이 있으며 리필용 제품도 있다.

　노푸의 핵심은 상업용 제품 사용을 아예 중단하는 것이다. 노푸에 관해서는 여전히 수많은 담론이 존재한다. 저마다 생활 방식이 다르기 때문이다. 노푸가 자신의 생활 방식과 잘 맞지 않는다면 리필용 제품을 구매하거나 사는 곳과 가까운 제로 웨이스트 상점을 이용하자.

노푸와 로우푸를 하는 동안에는 실리콘 같은 첨가물을 사용하지 않아 자연스럽게 두피 디톡스를 실천할 수 있다. 실리콘은 머리카락을 코팅해 인위적으로 윤기를 내는 첨가물이다. 노푸를 며칠 정도만 하는 사람도 있고 몇 달 동안 하는 사람도 있다. 나는 2~3주 정도 디톡스 기간을 가졌고 샴푸를 사용하지 않는 대신 두피 마사지를 했다. 그 후 일주일 동안은 머리를 감지 않았고 주중에 내가 직접 만든 드라이 샴푸만 발라줬다. 현재 내 머리는 이전보다 훨씬 부드럽고, 손질이 잘 되며, 잘 엉키지 않는다. 기존에 일반 샴푸를 사용할 때 내 머리는 자주 엉켜서 적어도 10~15분은 매일 빗질을 해줘야 했다. 고맙게도 지금은 전혀 그런 수고를 들일 필요가 없어졌다. 노푸로 디톡스 기간을 가지면서 내 몸의 호르몬이 어떤 불쾌한 간섭도 받지 않고 환경에 아무런 해도 끼치지 않는다고 생각하니 마음도 편안해졌다.

다음은 노푸를 실천하기에 앞서 해보면 좋은 방법이다.

1. 잠자리에 들기 전 마른 두피를 1~2분 정도 마사지해준다. 이것만으로도 마음이 편안해지며 두피의 유분을 골고루 분산시켜 머리 감는 주기가 길어진다.
2. 보어 브러시를 사용하면 모근의 유분이 골고루 퍼지는 데 도움이 된다. 아울러 머리에 윤기도 더해진다.

노푸

노푸를 실천하는 법은 매우 다양하다. 가장 흔한 방법은 물에 갠 베이킹 소다를 두피에 문지르고 사과초모식초 또는 백(白)식초 1큰술을 희석한 물 한 컵을 린스 대용으로 사용하는 것이다.

로우푸

나는 로우푸 방법을 애용한다. 로우푸는 며칠에 한 번씩 황산염과 실리콘이 포함되지 않은 샴푸로 머리를 감는 방법이다. 나는 플레인프로덕츠**Plaine Products**사의 제품을 사용한다. 이 회사는 샴푸를 알루미늄 용기에 담아 판매하고 공병을 돌려주면 살균 처리 후 재활용한다.

고체 샴푸(샴푸바)

고체 샴푸는 말 그대로 물이 첨가되지 않은 고체 형태의 샴푸다. 가까운 상점에서 구매해도 되고 직접 만들 수도 있다. 다음은 직접 고체 샴푸를 사용해보고 얻은 요령이다.

1. 고체 샴푸를 머리에 직접 문지르면 안 된다. 특히 정수리에 직

접 문지르지 않도록 한다. 샴푸를 손에 비벼 거품을 풍성하게 만든 뒤 머리에 묻힌다.

2. 머리를 감을 때는 정수리 부분을 제외한 나머지 부분에 먼저 거품을 묻히고 정수리는 가장 마지막에 감기를 권한다. 고체 샴푸는 응축되어 있어 머리에 잔여물이 남을 수 있다. 일반 샴 푸처럼 매끄럽게 헹궈지지 않으므로 빡빡 문질러가며 헹궈야 한다.

3. 샴푸 거품을 묻혔으면 이제 두피를 부드럽게 문지르며 마사 지하자. 최소한 2분 동안 해야 한다. 구석구석 거품을 잘 묻혀 가며 마사지한다.

4. 고체 샴푸의 종류나 두피의 유분 정도에 따라, 사용하는 물이 연수(단물)인지 경수(센물)인지에 따라 식초 린스의 pH를 조 절해야 한다.

각질 제거는 피부 관리에서 매우 중요한 부분이다. 피부 각질이 쌓이면 모공이 막히고 피부가 칙칙해 보인다.

드라이 브러싱: 드라이 브러싱은 죽은 피부 세포를 탈각시키고 림프계를 자극해 피부 건강에 도움을 준다. 천연모 재질의 브러시 하나만 준비하면 된다. 브러시를 짧게 쥐고 발끝부터 다리 그리고 심장 쪽으로 문지른다. 그다음엔 손바닥에서 시작해 팔을 타고 또다시 심장 쪽으로 문지른다. 등과 가슴, 배도 골고루 문질러준다.

　힘을 세게 줄 필요는 없다. 오히려 가볍게 문지르는 것이 더 좋다. 시계 반대 방향으로 3~5분 정도 마사지해준다. 마사지를 끝내고 나면 피부 각질이 다 일어나 있으므로 바로 샤워하는 것이 좋다.

　샤워를 마친 뒤에는 수제 로션을 골고루 발라 마무리한다.

각질 제거용 세제: 얼굴 각질을 제거할 때는 미세 플라스틱이 들어 있는 제품을 사용하지 않도록 한다. 팥이나 세안용 곡물, 설탕, 소금 등 천연 재료로 만든 각질 제거제를 찾아보자.

매일 각질 제거를 하면 피부에 지나치게 자극을 줄 수 있으므로 일주일에 한두 번 정도가 적당하다. 각질 제거용 세안제를 직접 만들어 사용해보자.

커피 스크럽

원두 가루와 갈색 설탕은 각질을 부드럽게 제거해준다. 원두에 포함된 카페인 성분은 미백과 탄력에 효과적이다. 홍화유는 피지를 녹여 모공을 깨끗하게 하고 붉은 기와 여드름을 완화한다. 세포 재생을 촉진해 한층 젊어 보이게 하는 효과도 있다. 끈적임도 적은 편이어서 모공에 잔여물을 남기지 않고 말끔히 헹궈지며 코코넛 오일처럼 배수구에 남지 않는다.

> 재료
> - 원두 가루 2큰술
> - 갈색 설탕 2큰술
> - 홍화유 1큰술
> - 바닐라 추출물 1/4작은술(선택 사항)

위 재료를 모두 섞어 샤워할 때 사용하면 된다. 몸을 헹군 뒤 물을 잠그고 온몸에 골고루 문질러준다. 위 재료는 1회분이다.

바디워시 대신 보습이 잘 되는 좋은 비누를 사용해보자. 제로 웨이스트 상점에서 파는 비누는 보통 종이나 종이 상자에 포장되어 있으므로 재활용이나 퇴비화가 가능하다.

#47　　　　　　　　　　　　면도 크림

나는 시간 절약을 중요하게 여기는 편이다. 특히 내가 만든 수제
품들이 두 가지 이상의 역할을 할 때 더없이 흐뭇하다. 이는 제
로 웨이스트 삶을 지속하는 원동력이 되어준다.

DIY 면도 크림

재료	• 기름기 없는 바디 버터 1/4컵 (#38 참고) • 액상 비누 2큰술

바디 버터와 비누를 섞고 저어주면 끝이다. 거품이 풍성하며 사
용감 좋고 촉촉하고 부드러운 면도 크림이 완성되었다!

　원한다면 이 모든 DIY 제품들 대신 성분 좋은 비누 하나로 모
든 것을 해결할 수도 있다. 거품이 풍성하게 잘 일어나고, 시어
버터나 피마자유처럼 피부 흡수율은 낮지만 영양이 풍부한 오
일이 함유된 비누를 찾으면 된다.

#48 　　　　　　　　　마스크 팩

직접 만든 마스크 팩을 얼굴에 얹어보자. 마스크 팩을 만들다 보면 기분이 편안해지고 활력이 생긴다.

아보카도 오이 마스크 팩

오이와 아보카도에는 비타민C가 풍부하게 들어 있어 피부를 환하고 부드럽게 가꿔준다. 아보카도에 함유된 올레산은 붉은 기와 염증을 가라앉혀준다.

> 재료
> - 아보카도 1큰술
> - 껍질을 벗긴 오이 1큰술

아보카도와 오이를 미니 절구에 넣고 되직한 제형이 될 때까지 으깨준다. 으깬 아보카도와 오이를 세안한 얼굴 위에 골고루 펴 바르고 그대로 말린다. 10분 후에 미온수로 씻어낸다.

진정 보습

가루 녹차에는 생기와 탄력을 높이고 활성산소를 제거하는 데 탁월한 항산화 성분이 풍부하다. 생꿀에는 항균 성분이 포함되어 있어 여드름을 억제하는 데도 뛰어나다.

재료
- 가루 녹차 1큰술
- 생꿀 1작은술
- 알로에 젤 2작은술

위 재료를 모두 섞어 준비한 뒤 깨끗하게 세안하고 물기가 마른 얼굴에 펴 바른다. 그대로 15~30분 정도 기다렸다가 미온수로 씻어낸 뒤 가볍게 두드려 건조한다.

tip 눈가에 다크서클이 있거나 붓기가 있는 사람은 물에 녹차 가루를 개서 눈 밑에 펴 바른다. 약 5분 후 씻어내면 다크서클이나 붓기가 많이 완화될 것이다.

Part 4

청소할 때

———

청소할 때 친환경을 실천하는 방법은 아주 간단하다. 청소에 필요한 모든
재료는 이미 여러분의 주방에 준비되어 있다. 여기서 소개하는 방법은
상점에서 파는 유독한 세제 못지않게 효과적이며 값은 비교할 수 없이
저렴하다. 돈도 아끼고, 환경도 살리고, 건강에도 좋은 일이니 일석삼조다.

#49 　　　　　　　　　　　　　 다목적 세제

DIY 다목적 세제는 내가 가장 좋아하는 세제다. 나는 이 세제를 화강암과 대리석을 제외한 모든 곳에 사용한다. 나무로 된 가구, 마룻바닥, 창문, 냉장고, 변기, 욕실 수납장 등 이 세제를 사용할 수 있는 곳은 무수히 많다. 말 그대로 만능 세제다.

재료	• 따뜻한 물
	• 백식초

위 재료를 1:1의 비율로 섞어 스프레이 용기에 담는다.

| **#50** | **화강암/대리석 전용 세제** |

식탁이나 가구 상판이 화강암이나 대리석으로 만들어졌다면 식초나 알코올을 사용하지 않도록 한다. 얼룩이나 부식 자국이 남을 수 있기 때문이다. 다음과 같은 방법으로 전용 세제를 만들어보자.

재료
- 액상 비누 1큰술 (닥터브로너스 캐스틸 솝)
- 물 1컵

위 재료를 섞어 스프레이 통에 담아 사용한다.

#51 탈취제

보드카는 살균 성분이 있어 박테리아로 인한 악취 제거에 효과적이다. 보드카로 만든 스프레이를 카펫이나 침구, 커튼, 옷에 뿌리는 탈취제로 활용할 수 있다. 나는 입었던 옷에 이 탈취제를 뿌려 바람이 통하는 곳에 걸어놓는다. 그렇게 하면 자주 세탁하지 않아도 된다.

재료
- 보드카
- 정수한 물

위 재료를 1:1의 비율로 스프레이 통에 넣고 잘 섞어준다. 알코올 도수가 높은 보드카나 질 좋은 보드카를 사용할 필요는 없다. 유리병에 담긴 가장 저렴한 보드카 하나로 충분하다.

#52　　　　　　　　　　카펫 탈취제

신발에 묻은 흙이나 먼지 등으로 카펫이 좀 더 심하게 오염된 상황이라면 이 방법을 사용해보자. 베이킹 소다와 계피는 탈취 효과가 강력하다.

재료
- 계피 가루
- 베이킹 소다

계피 가루와 베이킹 소다를 1:2의 비율로 섞는다.

냄새가 심한 카펫이나 신발에 뿌리고 최소 네 시간 정도 그대로 둔다. 이후 진공청소기로 가루를 빨아들인다. 냄새가 없어질 때까지 몇 차례 반복한다.

#53 천연 디퓨저

집에 오는 손님들에게 은은하게 좋은 향을 선사하고 싶다면 이 방법을 추천한다.

> 재료
> - 백식초 1/2컵
> - 물 1컵 반
> - 통계피 3개

1. 백식초와 물을 0.5:1.5의 비율로 섞고 통계피와 함께 끓인다.
2. 재료가 끓으면 불을 낮추고 다시 5분 정도 뭉근하게 끓인다.
3. 불을 끄고 탈취가 필요한 공간에 냄비를 통째로 둔다.

> tip 집 안의 공기를 깨끗하게 하려면 집 근처 화원이나 벼룩시장, 무료 나눔 장터 같은 곳에서 식물을 들여오는 것도 좋은 방법이다. 이사할 때 화분을 팔거나 버리고 가는 사람들이 많다. 실내용 식물은 대체로 공기 정화에 좋다. 알로에베라, 스파티필럼, 무늬접란, 스킨답서스, 필로덴드론, 아레카야자 등이 있다.

#54 욕조/변기 청소용 세제

다음은 내가 가장 좋아하는 청소 세제다. 마법처럼 깨끗해진다.

> 재료
> - 베이킹 소다 3/4컵
> - 과산화수소 2~3 큰술
> - 액상 비누 2~3 큰술

1. 위 재료를 모두 섞는다.

2. 되직하게 될 때까지 잘 섞은 다음, 대나무 솔에 묻혀 욕조나 변기에 펴 바른다.

3. 10분 정도 그대로 놔두었다가 닦아내면 오염물이 손쉽게 제거된다.

tip 이 세제는 오븐 청소에도 탁월하다. 오븐에 발라 1~2시간 정도 두었다가 식초 원액을 뿌리면 베이킹 소다가 반응하여 거품이 부글부글 일어난다. 한동안 그대로 두었다가 문질러 닦아내면 된다.

#55   유리 닦기

천연 세제로 유리창이나 거울을 닦는 방법은 시중의 일반 세제
와 다르다. 나는 다목적 식초 세제(#49 참고)를 활용한다.

1. 성글게 짠 100% 순면 천에 세제를 뿌려 적신다.
2. 젖은 천으로 유리를 구석구석 닦는다.
3. 그다음 완전히 마른 면으로 유리를 다시 닦아준다.

   이렇게 하면 유리가 반짝반짝 빛난다. 만약 유리에 얼룩이 남
아 있다면 사용하는 천이 보푸라기가 없는지, 세정제를 완전히
닦아냈는지 확인해보자. 사용한 천은 세탁기로 빨면 되는데, 이
때 식초를 넣으면 섬유 사이에 남은 세정제 잔여물을 말끔히 헹
굴 수 있다. 섬유에 세정제가 남아 있으면 이후에 다시 사용할
때 세제가 잘 흡수되지 않는다.

#56 바닥 세정제

나무로 된 마루나 강화 마루 세정제

목재 바닥은 물기가 스미면 목재가 뒤틀리기 때문에 청소할 때
물이 흥건해지지 않도록 신경 써야 한다.

여기서 소개하는 방법은 물을 가볍게 뿌리는 정도이므로 걱
정하지 않아도 된다. 오히려 마루에 윤기가 나게 해준다.

> **재료**
> - 백식초 1/2컵
> - 물 1컵 반

1. 분무기에 백식초와 물을 0.5:1.5의 비율로 섞어 넣는다.
2. 마루 위에 가볍게 뿌려 걸레질을 하거나 걸레에 직접 뿌려 마
   루를 닦으면 된다.

> *tip* 막대 걸레에 짝을 잃었거나 더 이상 못 쓰는 낡은 양말을 씌워 사
> 용하는 것도 좋은 방법이다.

슬레이트와 타일 바닥 세정제

타일 바닥은 나무로 된 마루와 달리 물이 닿아도 전혀 상관없다.

| 재료 | • 아주 뜨거운 물 7.5L |
| | • 액상 비누 1/4컵 |

큰 양동이에 위의 재료를 섞고 면 재질로 된 막대 걸레에 적셔 청소한다. 틈새는 낡은 칫솔로 문질러주자.

#57 설거지용 세제

설거지할 때 액상 비누를 사용할 수도 있지만 워싱 소다(탄산수
소나트륨)를 활용하면 힘을 덜 들이고 씻을 수 있으며 물을 부드
럽게 해주므로 유리그릇이나 잔에 얼룩이 남지 않는다.

재료
- 물 1컵
- 액상 비누 1/2컵
- 워싱 소다 1큰술

---

1. 주전자에 물을 끓인다.
2. 물이 끓으면 워싱 소다 1큰술을 넣고 녹여준다.
3. 워싱 소다가 다 녹으면 액상 비누를 넣은 뒤 잘 섞어준다. 사
   용하기 전에 충분히 흔들어준다. 세제가 충분히 묽지 않다면
   물을 조금 더 첨가한다.

---

tip 집에서도 간편하게 워싱 소다를 만들 수 있다. 베이킹 소다를 얇
은 베이킹용 쟁반에 깔고 400℃로 구우면 된다. 나는 오븐에 한

시간 정도 굽고, 중간에 한번 뒤적여준다. 베이킹 소다는 중탄산나트륨이고 워싱 소다는 탄산수소나트륨이다. 베이킹 소다에 열을 가하면 이산화탄소가 과다 배출되면서 중탄산나트륨의 화학 구조가 바뀐다.

#58 식기세척기 전용 세제

식기세척기를 사용하면 손으로 설거지하는 것보다 물을 절약할수 있다.

'에너지스타' 인증*을 받은 식기세척기는 설거지를 한 번 할때마다 평균적으로 약 15L의 물을 사용하는 반면, 일반 손 설거지의 경우는 1분당 8.3L의 물을 흘려보낸다. 물 절약을 위해 식기세척기를 사용하자. 설거지할 식기를 최대한 가득 채우면 더욱 친환경적이다.

> **재료**
> - 굵은 소금 2큰술
> - 베이킹 소다 2큰술
> - DIY 설거지용 세제 1/2작은술(#57 참고)

위 재료의 분량은 한 번 사용할 수 있는 양이다. 베이킹 소다와 굵은 소금을 위 비율대로 넉넉하게 섞어두었다가 식기세척기를 사용하기 직전에 설거지용 세제를 넣어 사용하면 된다.

사용하는 물이 경수(센물)라면 얼룩이 남을 수 있다. 나는 유리 세

정제를 사용해 얼룩이 남은 유리 식기를 닦는다(#55 참고).

* 미국에서 지구온난화 기체를 줄이기 위해 고효율 에너지를 적용해 만
든 친환경 제품 인증 프로그램으로, 국내 비슷한 인증 프로그램으로
는 '고효율에너지기자재' 인증 프로그램이 있다.

#59 세탁 세제

세탁 세제는 직접 만들어 사용하는 방법을 추천하지 않는다. 집에서 만들어 사용하는 세탁 세제는 세탁기를 막히게 하고, 애프터서비스를 받지 못하게 하며, 옷감을 상하게 만든다. 나도 제로웨이스트를 실천하기 전에는 직접 만든 세탁 세제를 사용했는데 옷 여러 벌이 못 쓰게 됐고 툭하면 옷감에 세제 잔여물이 남아 있기 일쑤였다. 세제 잔여물은 수건의 기능을 떨어트리는 원인이 될 수도 있다. 집에서 만든 세제에 든 오일 성분이 섬유에 쌓여 방수 역할을 하기 때문이다.

다행히도 나는 세탁기를 망가트리지는 않았다.

소프넛(무환자나무 열매로, 식물성 계면활성제 성분이 있어 거품이 잘 난다)이나 밤도 같은 이유로 권하지 않는다. 소프넛이나 밤에는 사포닌이나 비누의 주요 성분인 계면활성제가 포함되어 있다. 이 성분들이 축적되면 섬유의 수분 흡수력을 떨어트리고 피부 트러블을 일으키기도 한다. 예전에도 계면활성제 성분이 든 빨랫비누로 빨래를 했지만 그때는 기계가 아닌 손으로 빨았다.

옷감을 세차게 비비고 마찰시키는 과정에서 세제 잔여물이 모두 떨어져 나갔다. 하지만 요즘 사용하는 세탁기는 섬유에 달라붙은 세제 잔여물을 말끔히 제거할 만큼 강하게 돌아가지는 않는다.

세탁용 세제를 판매하는 리필 상점이 근처에 없다면 종이 상자에 든 세제를 구입하고 세제 성분이 미생물에 의해 무해 물질로 분해되는 성분인지 확인하는 것이 좋다. 나는 세븐스제너레이션Seventh Generation에서 나온 세탁 세제를 좋아한다. 세제 상자를 재활용할 때는 상자가 완전히 펼쳐지도록 잘라서 남은 세제 가루를 모두 털어낸 뒤 분리배출하자.

#60 건조기용 볼

옷의 촉감을 부드럽게 하려면 건조기용 볼을 사용하면 된다. 건조기용 볼은 건조기 안에서 옷감끼리 엉키지 않게 하고 공기가 골고루 퍼져 옷감을 더 빨리 마르게 해준다. 울로 된 볼을 구입해도 되고 직접 만들 수도 있다.

일반적인 방식은 아니지만, 나는 중고 매장에서 산 100% 울스웨터를 잘라 야구공 크기 정도로 돌돌 뭉쳐서 만든다.

재료	• 울 스웨터

1. 먼저 울 스웨터를 지름 20cm 정도 크기의 원형으로 여러 개 자른다.
2. 건조기용 볼을 만들려면 공 안을 울 섬유로 꽉 채워야 한다. 남은 자투리 천을 원형 천에 넣고 싸매서 공 모양으로 형태를 잡아준 뒤 맨 윗부분을 실로 꿰맨다.
3. 건조기에 이 울 공을 넣으면 된다. 두세 번 사용한 뒤에는 볼

을 빨아서 속까지 완전히 말린다.

완벽하게 동그란 모양의 공을 만들고 싶다면 스웨터 실을 풀어서 원하는 크기와 모양이 될 때까지 돌돌 감아주면 된다.

건조기는 빨래 말리는 시간을 줄여준다. 하지만 건조기를 돌릴 때마다 섬유에 미세한 보풀이 생기고 결국 옷의 수명이 짧아진다. 여기, 훨씬 친환경적으로 옷을 말리는 방법이 있다. 바람과 햇볕에 자연 건조하는 것이다. 얇은 옷은 햇빛 좋은 날 한두 시간 정도면 충분하다.

대단한 장비도 필요하지 않다. 나는 우리 집 뒷마당 나무와 울타리 기둥 사이에 빨랫줄을 걸어 옷을 넌다. 실내에서 말릴 때는 대나무 건조대를 사용한다. 날씨가 좋으면 건조대를 바깥에 내놓고 말리기도 한다. 이 대나무 건조대는 베란다가 있는 작은 아파트에서 살 때 매우 요긴하게 활용했다.

#62   천연 표백제

이 홈메이드 표백제는 모든 색상에 안전하게 사용할 수 있다. 나는 직접 만든 표백제를 흰색 실크 천에도 사용한다. 표백제를 사용해 실크를 헹군 뒤에는 비틀어 짜지 말고 부드럽게 꾹꾹 눌러서 물기를 제거해야 한다.

> **재료**
> - 레몬즙 1개
> - 함량 3%의 과산화수소 1컵
> - 액상 비누 1큰술
> - 아주 뜨거운 물 1.7L

1. 8L 양동이에 위 재료를 모두 넣고 표백할 천을 담근다.
2. 그 상태로 15분 정도 둔다.
3. 물이 어느 정도 식으면 옷감을 넣고 부드럽게 흔들어준다.
4. 표백제가 골고루 스미도록 흔들어준 뒤 다시 몇 시간 정도 가만히 둔다.
5. 찬물에 헹군 뒤 햇볕에서 말린다.

#63   얼룩 제거

얼룩은 최대한 빨리 제거해야 한다.

- **잉크**: 얼룩 부위에 알코올을 문지른다.
- **초콜릿/혈액**: 3% 과산화수소와 물을 1:1 비율로 섞은 물에 5분 정도 담가두었다가 헹군다.
- **립스틱/기름**: 얼룩 부위에 주방 세제를 묻히고 가볍게 문지른 뒤 물로 헹군다. 그다음 식초를 묻혀 동일한 방법으로 비빈 뒤 헹궈낸다.
- **와인**: 흰 천에 3% 과산화수소를 적신 후 얼룩을 흡수시킨다. 5분 정도 그대로 두었다가 찬물로 헹군다. 얼룩이 사라질 때까지 반복한다.

Part 5

쇼핑할 때

쓰레기를 집 밖으로 배출하지 않는 가장 좋은 방법은 쓰레기를 집 안으로 들이지 않는 것이다. 모든 쓰레기의 출발점은 쇼핑이다. 이미 가지고 있는 물건들을 점검하고 그 물건들을 더욱 유용한 방법으로 재분배해보자. 그리고 소비 습관을 바로잡아 대대적으로 물건을 버리는 사태를 막아보자.

#64 소중한 것들을 위한 공간 만들기

이 책을 읽고 있는 독자 중에는 집 안에 넘쳐나는 물건들로 인해 한숨을 쉬어본 사람이 많을 것이다. 어쩌면 옷장에 너무 많은 옷이 채워져 있거나 서랍이 잘 닫히지 않을 정도로 물건이 넘쳐날지도 모른다. 어쩌면 창고나 지하실을 청소할 엄두가 나지 않을 수도 있다.

사람들은 과소비하는 경향이 있다. 한 번도 사용하지 않은 물건 또는 몇 번 사용하지도 않을 물건을 잔뜩 사서 수납장에 쟁여두고는 잊어버리곤 한다. 물건을 사는 이유는 경솔한 구매 결정 때문이다. 할인해서, 너무 귀여워서, 그 순간에 그 물건이 너무 필요한 것처럼 생각돼서 소비 욕구에 불이 붙기도 한다. 문제는 우리가 진심으로 좋아하지 않는 물건, 그다지 필요하지도 않은 물건을 산다는 것이다.

그렇게 산 물건은 언젠가 대청소를 하기 전까지 집 안 어딘가에 처박혀 있다. 물건은 행복을 가져다주지 않는다. 일단 사고 나면 더 이상 그 물건에 아무 감흥이 생기지 않는다. 그냥 공간만 차지하고 있을 뿐이다.

제로 웨이스트는 필요한 물건만 가지고 살아가는 삶을 고수한다. 내 삶에 가치를 더해주는 것들로만 생활을 꾸린다. 이미 가지고 있는 것에 진심으로 만족하며 살아간다. 물건 없이 산다는 의미가 아니다. 내 구역에 들어오는 물건을 신중하게 고른다는 의미다.

나는 여러분에게 가진 물건들을 점검해보고 대대적인 청소를 하길 권한다. 제로 웨이스트라고 해서 집 안의 모든 물건을 버리지 않고 붙들고 살아야 하는 것은 아니다. 제로 웨이스트는 아끼는 것들을 더욱 소중히 여기며 살아가는 단순한 삶의 방식이다. 그러면 좋아하는 물건은 더욱 소중히 여기게 된다. 가진 것에 감사하고 살뜰히 관리하며 살아가는 태도야말로 쓰레기를 줄이는 데 대단히 중요한 역할을 한다.

필요 없는 물건들을 정리할 때는 곧장 쓰레기통에 버리지 말고 재분배해야 한다. 내가 사용하지 않더라도 분명 그 물건을 필요로 하고 좋아하고 아껴줄 다른 누군가가 있을 것이다. 자원을 재분배하면 그 자원을 새로 만드는 데 들어가는 또 다른 자원을 아낄 수 있다. 굳이 새로운 물건을 들여놓지 말고 지금 가진 물건을 더 오래 사용하거나 중고 시장에 활력을 불어넣어보자.

물건들을 정리할 때는 보관, 사용, 기부, 버림 이 네 가지 기준으로 분류할 수 있다.

수납장, 서랍, 옷장, 다락, 지하실 등 물건이 들어찬 모든 공간을 한번 샅샅이 뒤져보자. 어느 순간 물건들이 산더미처럼 쌓이고, 개중에는 있는지조차 몰랐던 물건들도 꽤 많을 것이다. 집 안의 모든 물건을 낱낱이 들여다본다는 것은 결코 만만한 일이 아니다. 한꺼번에 모든 물건을 정리하기 부담스럽다면 조금씩 정리해보자. 한 번에 수납장 하나씩 또는 서랍장 한 칸을 정리해도 된다. 충분히 시간을 들여 모든 물건을 분류해보길 바란다. 어쩌면 이 과정이 하나의 여정이 될 수도 있다. 물건을 정리하며 드는 감정에 집중하자. 정말 중요한 것은 물건에 담긴 감정을 물건과 분리하는 것이다.

물건을 분류하며 다음 질문들을 해보도록 하자.

- 정말 필요한가?
- 어디에서 났는가?
- 이 물건에 얼마를 썼는가?
- 얼마나 자주 사용하는가?
- 내 삶에 가치를 더해주는 물건인가?
- 매주 사용하는가?
- 진심으로 좋아하는가?
- 나보다 다른 사람에게 더 필요할 수도 있는가?
- 오늘 쇼핑을 한다면 다시 살 물건인가?

쉽게 분류되는 물건도 있고 애매한 물건도 있을 것이다. '애매함'으로 분류되는 물건은 수가 적을수록 좋다. 아예 '애매함' 상자를 준비해 해당 물건을 그 상자에 넣어두고 한 달 정도 없이 살아보는 것도 방법이다. 한 달 동안 상자 속 물건이 필요하지 않았다면 보내도 된다는 뜻이다.

보관할 물건

수납과 정리에 관한 책들을 보면 좋아하지 않는 물건을 찾아서 버리라고 추천하는 경우가 대부분이다. 하지만 나는 개인적으로 좋아하는 물건부터 찾아보라고 권하고 싶다. 물건은 대체로 양면적 감정을 불러일으킨다. 치우고 싶은 동시에 여전히 갖고 싶기도 하다. 하지만 떼놓을 수 없이 정말 아끼는 물건도 더러 생긴다. 단순히 좋아하는 물건이 아니라 정말 아끼는 물건부터 시작해보자. 진심으로 좋아하는 물건은 보관하고, 그 외 다른 물건은 모두 심판대 위에 올린다.

꼭 필요한 물건도 당연히 보관할 물건으로 분류해야 한다. 세탁기는 내가 설레지도 않고 온 마음을 다해 아끼지도 않지만, 냄새가 나지 않는 깨끗한 옷을 정말 좋아하는 나에게 세탁기는 없어서는 안 될 존재다.

사용할 물건

물건들을 정리하면서 의욕이 지나치게 넘쳐 반쯤 남은 알루미늄 포일이나 아직 남은 샴푸까지 버리는 불상사가 생기지 않도록 하자. #24를 다시 되새겨볼 타이밍이다. 물건을 버리는 것은 제로 웨이스트에 정면으로 배치된다.

하지만 최근 구매한 물건이 나에게 맞지 않거나 그 물건이 더 이상 안전하지 않다고 생각될 수도 있다. 그럴 때는 주위에서 해결책을 찾아보자. 평소에 그 물건을 잘 사용하는 친구나 가족이 있다면 그들에게 넘기면 된다. 그렇다고 죄를 짓는 것은 결코 아니다. 그들은 여러분이 주지 않아도 돈을 내며 그 물건을 살 것이고, 차라리 선물하는 것이 쓰레기 매립지로 버려질 물건을 줄이는 방법이다. 아무리 적은 양이나 사소한 물건이라도 누군가 필요한 사람이 가져간다면 새 물건을 만드는 데 낭비되는 자원을 줄일 수 있다.

기부할 물건

기부할 물건은 모두 품질이 아주 좋아야 한다. 동네 중고 상점에 기부하는 방법은 그다지 권하지 않는다. 동네 중고 상점에 가져간 물건들이 상품 진열대에 놓이는 일은 별로 없다. 그런 상점들에는 이미 물건이 너무 많아 일일이 분류하고 진열하기에는 인력이 부족하며, 대부분 기증품은 판매하기에 품질이 떨어지는 경우가 많다.

결국 많은 물건이 개발 도상국으로 보내지거나 쓰레기 매립지로 직행한다. 제대로 처리할 설비가 없는 나라들로 산더미 같은 옷들이 보내지는 경우가 대부분이다. 이는 환경적 관점에서 매우 위험할 뿐 아니라 그 지역의 상품 가치도 떨어뜨린다.

그러니 기부를 할 때는 아래 내용을 참고해 잘 생각해보자.

친구에게 기부하기

친구는 기부 대상 1순위이지만 상대가 그 물건을 정말 원하는지, 잘 사용할 것인지를 확인해야 한다. 기부라고 해서 친구에게 강제로 떠넘겨서는 안 된다. 나도 물건을 정리할 때 정말 많은 물건을 기부했다.

마가리타 제조기는 그중 하나였다. 그 기계를 좋아했지만 사용 빈도가 적었고 주방에 두고 사용하기에는 공간을 너무 차지해 수납장 뒤편에 넣어두었다. 그러고는 꺼내서 사용하는 것을 영영 잊어버리고 말았다. 꺼내놓고 사용하기엔 공간이 충분하지 않았고 자주 사용하는 물건도 아니었다. 사실 얼음을 넣은 마가리타를 만들 때마다 기계를 설치하고 준비하는 과정이 너무도 번거로웠다. 내가 가진 자원의 낭비였다. 신제품인 데다 품질도 좋고 값비싼 물건이 수납장에 처박혀 먼지만 쌓여가고 있었다. 나는 이 물건이 다른 곳에 가면 훨씬 더 가치 있게 사용되리라는 사실을 잘 알고 있었다.

마침내 친구 중에 집에 근사한 바를 만든 친구가 있었다. 그 바에 유일하게 없는 물건이 바로 마가리타 기계였다. 난 친구에게 전화를 걸어 이 물건에 관심이 있다면 와서 한번 볼 의향이 있는지 물었다. 친구는 뛸 듯이 흥분하며 기뻐했다. 나는 이따금 친구 집에 들러 마가리타를 마실 수 있게 되었으니, 누이 좋고 매부 좋은 일을 한 셈이다.

물건 기부처 1순위가 친구인 이유는, 가끔 그 물건이 필요할 때 친구에게 빌릴 수 있기 때문이다. 친구에게 기부하면 집 수납장 어딘가에 묵혀두지 않고도 사용할 수 있다. 친구에게도 나에게도 모두 좋은 일이다.

자선 단체나 각종 기관에 기부하기

물건을 포장해 지역 중고 상점에 가져가는 수고를 하지 않아도 가까운 자선 단체나 비영리단체에서 물건을 수거해 가기도 한다. 내가 가진 물건을 나눠주고 지역사회에 적극적으로 후원 활동을 한다는 것은 매우 보람 있는 일이다.

여러분이 가지고 있는 어떤 물건이든 세상 누군가에게는 꼭 필요한 물건이 될 수도 있다. 기부처를 찾는 일은 쉽다. 인터넷 검색이나 전화 한 통으로 금방 해결된다.

판매

물건을 팔아 약간의 돈을 벌 수 있다고 생각하면 그 물건과 헤어지기가 훨씬 쉬워진다. 판매에는 몇 가지 선택지가 있다. 일단 가장 흔한 방법은 집 마당이나 차고에서 창고 세일을 열어 특정 물품을 파는 것이다.

나는 정리한 물건이 창고 세일을 할 만큼 많지 않았다. 내가 가진 값비싼 물건은 주로 디자이너 브랜드의 고급 옷이었는데, 대체로 옷은 마당에 내놓고 파는 품목이 아니었다. 그래서 나는 디자이너 친구들의 도움을 받아 동네 중고 위탁 판매점에 내 옷을 갖다주었다. 판매할 옷 목록을 작성하거나 사진을 찍을 필요도 없었다. 맡겨두면 위탁 판매점에서 알아서 팔아주고 물건이 팔리면 자동으로 돈이 들어왔다.

인내심과 시간이 많다면 물건들을 하나하나 직접 팔아보자. 수집품은 이베이eBay에 올려두고, 판매하는 물건이 가구처럼 부피가 크다면 벼룩시장 사이트에 판매 글을 올리면 된다.*

힘들 때는 그냥 놓아주자

때론 그 물건이 정말 필요 없다는 사실을 잘 안다. 전혀 유용하지도 않고 삶을 풍요롭게 해주지도 않지만 마음속 어딘가에서 그 물건을 꽉 붙잡고 놓아주지 못할 때가 있다. 여러 가지 이유가 있다. 누군가에게 받은 선물이라서, 세상을 떠난 이가 남기고 간 물건이어서, 어떤 사람이나 순간에 얽힌 추억이 있어서 놓지 못할 때도 있다. 감정이 계속 남아 있는데 어떻게 놓아준단 말인가?

어린 시절 나는 편지와 선물에 집착했다. 내가 싫어하는 사람이 준 선물이라도 차마 버리지 못했다. 선물은 사랑의 물리적 표현이라고 생각했다. 그래서 누군가 준 선물은 나를 구속했고, 나는 선물을 특별한 곳에 보관해야만 했다. 열어보거나 사용하지 않더라도 이따금씩 내가 그들의 사랑을 떠올리기 위해 필요한 장치로써 보관해야 한다고 생각했다.

혹시 나와 비슷한 사람이 있는가?

내 옷장에는 사용하지도, 좋아하지도 않는 물건들이 가득했다. 그러던 어느 날 문득 깨달음을 얻었다. 그때 나는 스물한 살이었고 오스트리아에 살고 있었다. 친구들과 돌아다니다가 우연히 어느 상점 앞에서 내가 정말 좋아했던 스카프를 발견했다. 하지만 내게 필요한 물건이 아니었기에 사지는 않았다. 친구들과 나는 이런저런 상점들을 기웃거리며 계속 걷다가 맥주 두 병과 프레츨 한 봉지를 사서 잘츠부르크강에 도착했다. 강둑에 앉아 아까 본 스카프를 사지 않은 것을 후회하자 친구가 내게 말했다. 이 말은 지금까지도 내 가슴 깊은 곳에 남아 있다. "그저 물건일 뿐인데 뭐. 그냥 물건."

친구의 말에 난 깜짝 놀랐다. 어떻게 지금까지 나는 이 단순한 진리를 내 물건들과 연관 짓지 못했을까?

내 기억은 물건 속에 살지 않는다.
내 관계는 물건에 매여 있지 않다.
내 사랑은 물건으로 표현되지 않는다.
나는 물건이 아니다.

   집에 돌아온 나는 마침내 옷장을 꽉 채우고 있던 물건들을 모두 치워버렸다. 모두 한낱 물건일 뿐이었다. 물건에서 감정을 분리해야 한다. 물건에는 감정이 없다. 감정은 여러분의 마음속에 있다.

도와줘요! 여전히 물건들에 짓눌려 있어요

선물이라면: 선물의 본질은 '받는 것'이다. 누군가로부터 선물을 받았는가? 그렇다면 여러분이 해야 할 일은 다 한 셈이다. 선물을 소유했으니 그 선물에 권한을 갖는다. 그다음에 그것을 어떻게 할 것인지는 전적으로 자신의 몫이다. 모든 죄책감을 떨쳐버리자. 이미 목적은 달성되었다.

집안의 가보라면: 가족 중에 이 물건을 원하는 사람이 있는가?

전혀 쓰이지 못한 채 다락에서 먼지만 뒤집어쓰고 있다면 무슨 의미가 있을까? 혹시 그 물건이 다른 누군가에게는 기쁨을 줄 수 있는가? 그렇다면 보내줄 때일지도 모른다.

소중한 사람의 유품이라면: 사용하지 않는다면 무슨 소용일까? 여러분과 고인의 관계는 물건에 비할 바 없이 깊다. 유품을 간직한다고 해서 그 사람이 다시 오지는 않는다.

물건 없이 물건을 간직하기

특별한 추억이 담긴 소중한 물건을 간직하는 것을 반대하지는 않는다. 나 역시 관람했던 공연 티켓들을 신발 상자 한가득 모아두었다. 다만 물건들에 압도당하지 말라는 말을 하고 싶다. 상자 한두 개 정도로 양을 정해두자. 다락방이 발 디딜 틈 없이 온통 추억으로 가득 차지 않도록.

물건을 보내줄 때 기록으로 간직하는 방법이 있다. 특별히 애착이 강했던 물건이라면 그 물건에 관해, 그 물건이 떠올리게 하는 추억들을 적어보자. 옛 추억이 그리울 때면 공책을 펼쳐 그 글을 읽어보자. 공간만 차지하는 물리적인 물건 없이도 얼마든지 추억을 간직할 수 있다.

사진을 찍어두는 방법도 있다. 아꼈던 물건들을 촬영해 앨범에 보관하거나 컴퓨터에 저장해두자. 공연히 감상적인 기분이

드는 날에는 사진들을 뒤적여보자. 물건 없이도 오롯이 그 감정을 느낄 수 있을 것이다.

---

* 국내에서는 '중고나라'나 '당근마켓' 같은 온라인 중고 거래 플랫폼이 활성화되어 있다. 단, 온라인에서 개인이 중고로 거래할 수 없는 품목들을 잘 숙지해야 한다.

#65 　　　　　　　　　　현명한 소비

가진 물건들을 모두 정리했다면 이제 앞으로 어떻게 소비할 것
인지를 고민하고 새로운 습관을 만들어야 한다. 비웠으니 다시
채워야 한다는 생각은 버리자. 집 문턱을 넘어 들여오는 새 물건
은 모두 반드시 중요하고 의미 있어야 한다.

　여유 있는 공간을 즐기자. 빈 공간을 사랑하는 법을 배우자.
자유를 사랑하는 법을 배우자. 물건이 많을수록 그 무게에 짓눌
리고 얽매인다. 불필요한 물건을 놓아주고 나면 기분이 한결 가
벼워진다. 이전보다 더 행복해진다. 수백 가지 물건들을 신경 쓰
기보다는 진심으로 좋아하는 몇 가지 물건에만 관심을 쏟아보
자. 홀가분한 해방감이 든다.

　진심으로 좋아하는 물건 몇 가지만 소유한다면 그 물건에 더
많은 애정과 관심을 가지게 된다. 제로 웨이스트는 박탈이 아니
다. 다시 말하지만, 제로 웨이스트는 박탈이 아니다. 구매 결정
을 도와주는 유용한 '도구'다.

　물건을 구매하는 것은 죄가 아니다. 물건을 구매하는 행위는

전혀 잘못된 것이 아니다. 문제는 소비 방식에 있다.

첫째, 우리는 지나치게 과소비한다.
둘째, 우리는 잘못된 물건을 과소비한다.

　우리가 구입하는 물건들은 제대로 잘 만든 물건이 아니라서, 결국 그 끝은 쓰레기 매립지로 향한다.

　우리가 매일 구매하는 물건 가운데는 규제나 법을 제대로 지키지 않은 곳에서 생산된 것들도 있다. 저임금 노동을 시키거나 안전을 보장하지 못하는 근무 환경일 수도 있고, 폐기물 처리 시설이 제대로 갖춰지지 않아 주변 환경을 오염시키는 곳일 수도 있다.

　이렇게 만들어진 물건이 화물선 컨테이너에 실려 지구 반 바퀴를 돌아 미국에 들어온다. 화물선이 입항하면 컨테이너에 들어 있던 물건들이 각 지역 소매점으로 실려 가고, 소매점에 진열된 물건들은 그 물건을 구입한 소비자의 집으로 간다. 그렇게 잠시 사용되다가 대용량 쓰레기통에 버려진다. 우리가 사는 물건은 대부분 아주 먼 곳에서 만들어진다. 이제 잘못된 소비 습관을 바꿔야 할 때다.

tip　물건을 살 때 스스로 물어보자. 누가 이 물건을 만들었을까? 나는

그 제조 방식을 납득할 수 있을까? 이 물건은 어디에서 만들어졌을까? 고쳐 쓸 수 있는 물건인가? 다 사용하고 난 뒤 이 물건은 어떻게 될까?

물건을 살 때 공급처와 제조 과정을 파고들기 시작하면 생각지도 못한 진실을 마주하게 된다. 하지만 명심해야 한다. 선형 경제 사회에서 물건을 구매하는 한, 완벽한 결정은 없다. 그런 결정은 존재하지 않는다. 우리가 할 수 있는 일은 주어진 상황과 시간 속에서 최선의 결정을 내리는 것뿐이다.

아무것도 사지 않기

지금 사려는 그 물건이 정말로 필요한가? 어떤 구매 결정이든 오랫동안 심사숙고해서 내려야 한다. 나는 #2에서 보여준 구매 결정의 순서도에 따라 생각하는 편이다.

이 순서도는 불필요한 구매를 막도록 고안되었지만 가끔 한두 가지 물건이 끝까지 통과하는 경우도 있다. 2015년 추수감사절을 준비할 때였다. 살면서 손님들을 초대한 두 번째 추수감사절이었다. 그때 우리 집에는 감자를 으깨는 도구인 포테이토 매셔가 없었다. 그전까지만 하더라도 나는 포테이토 매셔를 얼마나 간절히 원했는지 모른다. 그 많은 감자를 포크로 일일이 으깨자니 여간 고되지 않았다.

그래서 난 구매 결정 순서도를 따라가보았다.

- 필요한 물건인가? → 그렇다.
- 일주일에 한 번 이상 사용하는가? → 난 으깬 감자 요리를 좋아한다. 최소 일주일에 한 번은 이 도구를 사용할 것이다.
- 두 가지 이상의 용도로 사용할 수 있는가? → 그렇다. 감자뿐아니라 아보카도, 삶은 병아리콩, 달걀 샐러드, 컬리플라워, 데친 토마토 등 사용할 데가 수두룩하다.
- 새로운 물건인가? (이 물건만이 유일한 해결책인가?) → 포크는 포테이토 매셔만큼 효율적이지 않다.
- 삶을 풍요롭게 해주는가? → 그렇다!

난 구매 결정 순서도의 모든 승인을 거쳐 포테이토 매셔를 샀다. 그저 그런 물건이 아니라 견고하게 잘 만들어진 제품으로 구매했고 그 도구를 볼 때마다 행복하다.

그렇다, 난 포테이토 매셔를 보며 가슴이 설렜다. 왜 그렇게 행복했을까? 기다렸기 때문이다. 그 물건에 대해 심사숙고했기 때문이다. 내게 필요한 물건이었기 때문이다. 그 물건을 얼마나 진지하게 고민하고 오랫동안 기다렸는지, 지금도 포테이토 매셔를 보면 행복하다. 이렇듯 구매하는 모든 물건은 구매자를 설레게 만들어야 한다. 그것이 설령 감자를 으깨는 단순한 도구라

할지라도 말이다.

물건의 공급 과정을 생각하고 물건에 대해 진심으로 깊이 생각하면 그 물건이 크든 작든 상관없이 큰 기쁨을 얻을 수 있다. 내 공간에 있는 모든 물건이 이런 과정을 거쳐 내게 왔다면 얼마나 행복할지 생각해보라. 이 사소한 경험이 내 인생을 바꿨다!

#66　　　　　　　　　　**어디서 구매할까?**

중고 매장

아무것도 사지 않는 것 다음으로 좋은 방법은 다른 사람이 이미 구매했던 물건을 사는 것이다. 중고 매장에서 물건을 사면 그 물건을 만들기 위해 낭비되는 새로운 자원을 줄일 수 있다.

중고 매장에는 유용한 물건들이 가득하다. 우리 집에 있는 거의 모든 가구며 주방 도구, 가전제품은 모두 중고 매장에서 샀다. 저렴한 가격도 가격이지만 새 제품과 별반 차이도 없었다. 내가 중고 매장에서 봤던 물건들 대부분은 아직 가격표도 떼지 않았으며, 아예 상자째 그대로 포장되어 있는 미개봉 상품도 많았다. 대다수가 너무 많은 물건을 가지고 살다 보니 좀 덜어내고 싶어 하는 경우였다. 여러분이 비우기로 마음먹었던 것처럼 말이다. 상태가 아주 좋지만 주인에게 더 이상 쓸모없어진 물건들이 중고 매장에 들어온다.

이런 이유로 나는 필요한 물건이 있으면 중고 매장을 우선 방문해보라고 권한다. 중고 매장에 가면 생각지도 못했던 물건들을 발견하게 된다. 동네 중고 매장에서 내게 필요한 보물을 찾아보자. 특수한 물건이라 구하기 쉽지 않다면 온라인 중고 상점이 있다. 미국의 온라인 벼룩시장인 크레이그리스트Craiglist에는 엄청나게 많은 중고 물품뿐 아니라 창고 할인이나 이사 물품 정리 등의 정보도 나와 있다.* 이베이eBay에는 중고 가정용품, 옷, 가전제품 등이 많다. 특별한 옷을 찾는다면 온라인 중고 의류 사이트를 추천한다.**

친구와 가족들에게 물어보는 것도 잊지 말자. 나는 필요한 물건이 생기면 늘 친구나 가족에게 사용하지 않거나 남는 물건이 있는지 먼저 물어본다. 항상 돈을 지불하겠다고 하지만 가족이나 친구는 대부분 그냥 공짜로 준다.

동네 상점

찾는 물건이 중고 매장에 없다면 되도록 자신이 사는 지역에서 생산된 물건을 구입하자. 지역 경제에 도움이 되고 품질도 믿음직하다. 온라인에서 사진으로만 보는 것보다 직접 보고 만져서 확인하는 것이 실패 확률을 낮춰준다.

또한 탄소 발자국도 줄일 수 있다. 지구 반대편에서 물건을 보내기 위해 동원되는 온갖 자원들을 생각해보라. 나는 소비재를 구입할 때는 특히 이 원칙을 지키려 노력하는 편이다. 대부분 사람들이 흔히 구입하는 소비재로는 식품, 음료, 비누 등이 있다.

내가 세운 원칙 중 하나는 지역 장인들이 직접 운영하는 가게를 이용하는 것이다. 주로 신발이나 옷을 수선하거나 직접 만들어 파는 상점을 애용한다.

소상공인 상점은 인터넷 쇼핑몰처럼 물건이 많지는 않다. 동네에 없는 경우도 많다. 나는 직접 걸어 다니며 상점을 찾거나, 더러는 동네에 발이 넓은 지인에게 물어서 찾아갔다. 주위에 동네 소식을 속속들이 잘 아는 사람이 있는가? 동네에 닭을 키워 달걀을 파는 사람이 있는지, 염소젖을 짜서 판매하는 사람이 있는지 물어보자. 비누를 직접 만드는 사람이나 치마 밑단을 수선하는 사람, 신발 밑창을 갈아주는 사람 등이 있는지 찾아보자.

항상 집 근처에서 필요한 물품을 구할 수 있는지 먼저 확인하자. 장담컨대, 여러분에게 도움을 줄 사람이 가까운 곳에 반드시 있을 것이다.

윤리와 지속 가능성

주변에 도움 받을 곳이 마땅치 않다면 다른 곳에 도움을 구할 수 있다. 인터넷에는 공동의 목표를 가진 사람들이 모인 단체가 무수히 많다. 엄청나게 많은 제로 웨이스트 사업이 매일 새로 생겨난다.

이 과정에는 배송도 포함된다. 배송은 그 자체로 제로 웨이스트가 아니지만 때론 온라인 구매 외에는 선택지가 없는 경우가 있다. 우리가 사는 세상은 완벽한 순환 경제 구조가 아니다. 우리가 할 수 있는 일은 주어진 자리에서 최선을 다하는 것이다.

물건을 구할 때는 그 물건이 자신의 가치관에 적합한지 생각해보자. 다음 질문들이 도움이 된다.

- 이 제품은 어떻게 만들어졌는가?
- 윤리적인 방식으로 만들어졌는가?
- 환경을 염두에 두고 만들어졌는가?
- 이 제품을 만든 기업은 순환 경제를 지지하는가?
- 내 삶을 더욱 지속 가능한 삶으로 만드는 데 도움이 되는가?
- 고쳐서 다시 쓸 수 있도록 만들어졌는가?
- 다 사용하고 나면 이 물건은 어디로 가는가?

지속 가능하지는 않지만 튼튼한 물건 구매하기

이 방법은 그다지 바람직하지는 않지만 때로는 이 선택 외에 다른 방법이 없을 때도 있다. 가치관과 맞지 않는 물건을 사야 한다면 오랫동안 두고 사용할 수 있는 견고한 제품인지 확인하자. 물건 구매 빈도를 줄이는 것 또한 지구를 위해 할 수 있는 최선의 방법 중 하나다. 지속 가능하지 않은 물건을 사야 한다면 그 물건을 또 사야 할 일은 없는지 검토하자.

물론 말이 쉬울 뿐, 이런 식의 흑백논리는 막상 일상생활에서

접한다면 매우 어렵다. 사실 내가 당부하는 말도 어떤 상황이든지 최선의 결정을 내리도록 노력하라는 정도다. 제로 웨이스트로 살아간다는 것은 완벽한 삶을 살라는 말이 아니다. 더 나은 선택을 하라는 의미다. 충분한 정보를 가진 소비자가 되면 95%는 갖춘 셈이다. 정보에 입각한 결정을 내린다면, 구매하는 물건이 무엇인지 어디에서 왔는지 제대로 인식하고 있다면, 정말 잘하고 있는 것이다!

---

* 국내에는 지역 기반의 온라인 중고 시장인 '당근마켓'이 활성화되어 있다.

** 국내에서도 '중고 의류', '빈티지 숍' 등을 검색하면 다양한 온라인 중고 판매 사이트를 찾을 수 있다.

택배는 많은 쓰레기 문제를 야기한다. 이동할 때 배출되는 탄소부터 폴리스티렌 재질의 포장용 완충재에 이르기까지 많은 폐기물이 생긴다.

가장 좋은 방법은 목소리를 내서 요구하는 것이다. 온라인으로 물건을 구매하면 일반적으로 판매자에게 요청 사항을 남기는 칸이 있다. 그곳에 플라스틱 포장 없이 제품을 배송해달라고 요청하자. 종이테이프와 갈색 종이로 포장해달라고 요청하자. 플라스틱 사용을 자제해달라고 강조하자. 대부분의 판매자가 여러분의 의견을 존중해줄 것이다.

나 또한 판매자들이 여러분의 의견을 존중해주길 바란다. 요구가 받아들여진다면 재활용이 가능한 종이 포장지와 상자에 담겨 올 것이다. 하지만 여기서 끝이 아니다. 재활용은 에너지 집약적인 과정일 뿐 완벽한 해결책은 아니다. 물건을 재활용하기 전에 재사용할 수 있는 방법을 찾아야 한다.

갈색 종이 포장지

- 선물 포장지로 사용한다.
- 메모지로 활용한다.
- 그림 그리는 종이로 활용한다.
- 다른 곳에 물건을 보낼 때 사용한다.
- 필요한 사람이나 배송 관련 업무를 보는 곳에 가져다준다.
- 퇴비로 만든다.
- 재활용한다.

종이 상자

- 물건을 보내거나 선물을 포장할 때 활용한다.
- 수납함이나 보관함으로 활용한다.
- 이사하는 사람에게 준다.
- 상자가 늘 필요한 곳에 가져다준다.
- 학교 과제나 공예, 미술 등에 활용한다.
- 재활용한다.

비닐이나 필름 재질의 포장지는 제대로 분리수거되거나 재활용되는 경우가 드물지만, 잘 보관해두었다가 포장할 일이 있으면 재사용하는 방법이 있다.

스티로폼 재질의 완충재, 랩, 기타 바람직하지 않은 재질의 포장재로 포장된 물건이 오면 재사용할 수 있는 것들을 추려 택배 회사 등 필요한 곳에 가져다주자. 이 방법이 완벽한 대안은 아니지만 조금이라도 쓰레기를 줄일 수 있다. 모두가 재사용을 한다면 새로운 포장재 생산이 줄어들 것이다.

Part 6

집 밖에서

회사에서 발생하는 쓰레기는 대부분 우리의 통제권 밖에 있다.

하지만 일상의 소소한 실천만으로도 쓰레기와 전쟁을 치를 수 있다.

필기구를 만년필로 바꾼 것은 내가 한 일 중에 가장 잘한 일로 손꼽힌다. 내 책상에는 항상 만년필 두 자루와 잉크 한 병이 있다. 만년필은 필기감이 무척 부드럽다. 왼손잡이인 나는 항상 만년필이 내게 맞지 않는 도구라고 생각했는데 전혀 틀렸다. 만년필은 지금까지 내가 썼던 모든 필기구 중에 단연 최고다. 만년필로 글씨를 쓰면서 필기 습관도 바뀌었다. 이전에는 손을 글자 옆에 나란히 놓고 쓰거나 아예 글자 위에 놓고 썼는데 만년필을 사용하면서 글씨 아래 제대로 손을 두고 필기를 하게 되었다. 새끼손가락이 잉크 자국으로 얼룩지는 일도 더 이상 없었다! 왼손잡이 독자들은 새끼손가락에 잉크 얼룩이 묻는 고충을 잘 이해할 것이다.

만년필은 카트리지 타입과 컨버터 타입 두 종류가 있다. 카트리지 타입은 카트리지에 잉크가 채워져 있다. 잉크를 다 쓰면 카트리지를 계속 사서 바꿔주는데, 이 또한 불필요한 쓰레기를 만든다. 카트리지보다는 컨버터 타입을 추천한다. 잉크를 거의 다 사용하면 손쉽게 다시 채울 수 있다. 매번 카트리지를 구입하는 것보다 비용도 훨씬 적게 들고 쓰레기도 덜 배출한다. 잉크는 유리병에 담겨 있으므로 다 사용한 잉크병은 재활용이 가능하다.

#69   종이와 잉크 절약하기

회사에서는 사무용 종이를 직접 구매하기가 어렵지만 재택근무를 할 때는 100% 재생지를 구입하여 사용하자.

　컴퓨터 프린터 설정도 아예 양면 인쇄가 되도록 설정해두면 좋다. 잉크를 아끼려면 잉크가 덜 드는 글꼴을 사용하면 된다. 가라몬드Garamond, 타임스뉴로만Times New Roman, 헬베티카Helvetica 등의 글꼴은 잉크가 덜 든다.*

---

* 한글용으로는 인터넷 포털 사이트 네이버에서 무료로 배포하고 있는 '나눔글꼴에코'가 있다.

회사 책상 위에 올려놓은 쓰레기통을 치워주는 사람이 따로 있을 경우, 분리수거가 제대로 이루어지지 않을 확률이 높다. 재활용할 품목이 있다면 일반 쓰레기통에 버리지 말고 직접 회사 내에 마련된 분리수거함에 넣도록 하자. 가끔 일어나 움직이면 가벼운 운동도 된다.

　나는 대부분 책상에 앉아서 업무를 보는 편이라 아예 일반 쓰레기통을 분리수거용으로 바꿔놓았다. 만약 나와 비슷한 상황이라면 청소 담당 직원과 이야기해보자. 일반 쓰레기통을 지정된 분리수거용 쓰레기통으로 바꿔주거나 내 쓰레기를 분리수거해줄 수도 있다. 쓰레기통에 라벨을 붙여놓는 것도 한 가지 방법이다.

#71 재사용 물건 가져다 놓기

운 좋게도 내가 다니는 회사 사무실에는 전자레인지, 토스터, (일회용이 아닌) 접시, 컵, 식기 등이 마련되어 있다.

우리 회사는 친환경 정책을 적극적으로 지지한다. 사무실에 마련된 분리수거함에는 "재활용 아니면 죽음을"이라는 비장한 문구가 쓰여 있다. 진정성 있는 모습은 주변 사람들에게 영향을 미치고 변화를 이끈다. 나는 그런 모습을 볼 때마다 감동한다. 내가 제로 웨이스트를 실천하는 모습을 본 많은 이들이 일회용 종이 접시나 플라스틱 그릇 대신 '진짜' 접시와 그릇을 사용하기 시작했다. 생각보다 어렵지 않은 일임을 눈으로 직접 확인했기 때문이다. 때론 직접 나서서 본보기가 될 필요가 있다.

사무실 탕비실에는 간식, 티 인퓨저, 재사용 가능 빨대, 올리브유 등이 늘 마련되어 있다. 회사에 이런 공간이 없다면 개인 책상에 제로 웨이스트를 실천할 수 있는 도구들을 가져다놓는 것은 어떨까?

회사의 규모나 문화에 따라 방법은 다르겠지만, 제로 웨이스트를 실현하는 방법은 무궁무진하다. 스스로 만들어낼 멋진 변화들을 고민해보자. 여러분이 다니는 회사에는 환경 관련 프로젝트를 전담하는 팀이 있는가? 내가 다녔던 회사는 규모가 크지 않아 따로 전담하는 팀은 없었지만 다른 회사의 지속 가능성 팀에서 일하는 친구로부터 이야기를 전해 들었다. 지속 가능성 팀의 업무는 친환경적 대안을 제시하고 기업 내 직원들이 이를 실천할 수 있도록 돕는 것이다. 이 팀에서는 주로 간단히 바꿀 수 있는 것들을 소개하고 직원 모두가 동참할 수 있도록 아주 단순한 단계를 제안한다. 그 과정에서 기업의 비용도 절감할 수 있다. 자원을 아끼면 자연스럽게 비용이 줄어들기 때문이다.

지속 가능성 팀에서 일하던 내 친구는 구내식당에 일회용 빨대 사용을 다시 한번 생각해달라는 안내판을 붙였고, 이후 사람들의 빨대 사용이 눈에 띄게 줄었다. 또 다른 친구는 사내에 퇴비 통을 설치해 음식물 쓰레기를 모았다. 덕분에 하마터면 쓰레기 매립지로 갈 뻔한 음식물을 퇴비로 만들었다. 아무리 작은 일이라도 큰 효과를 낳을 수 있다. 다니는 회사에서 간단하게 실천할 수 있는 제로 웨이스트 방법이 있는지 살펴보자.

일단 간단한 프레젠테이션을 해보는 건 어떨까? 회사 사람들에게 재활용이 가능한 품목과 그렇지 않은 품목을 보여주자. 이것만으로도 사람들은 재활용을 쉽게 구분하고 분리배출 규칙에 맞게 쓰레기를 버릴 것이다.

포장 음식은 쓰레기를 많이 배출한다. 도시락은 쓰레기를 줄이고 돈도 아끼는 지름길이다. 나는 도시락 가방에 아침, 점심, 간식은 물론이고, 지갑이나 휴대폰 같은 소지품도 넣어 다닌다. 주중 내내 점심 도시락을 싸야 할 때는 대략 샐러드 두 번, 샌드위치 두 번, 남은 음식 한 번 정도로 식단을 계획한다. 가끔 남은 재료들을 모두 섞어 도시락을 채우고 수프나 샐러드에 곁들여 먹기도 한다.

> _tip_   수프를 평소 먹는 분량의 두 배 정도 넉넉히 만들어 470mL 유리 용기에 넣고 냉동 보관한다. 배가 많이 고픈 날에는 냉동실에 보관한 수프를 미리 꺼내두고 점심시간에 어느 정도 해동된 수프를 전자레인지에 짧게 돌려 먹으면 된다. 이렇게 하면 준비 시간을 절약할 수 있다.

내가 좋아하는 식사

준비물
- 크기가 다양하고 밀폐 가능한 유리병
- 알루미늄 또는 스테인리스 도시락
- 손수건

아침

- 밤새 불린 오트밀
- 치아시드 푸딩
- 스무디
- 신선한 과일
- 수제 그래놀라와 요거트
- 페이스트리
- 블루베리 머핀
- 바나나 견과 브레드

샐러드

- 타코 샐러드
- 시저 샐러드
- 녹색 잎 샐러드

나는 1L 유리병에 샐러드를 담고 보통 음식점에서 주는 플라스틱 소스 용기와 비슷한 유리병(4온스, 약 120mL)에 소스를 담아 다닌다. 샐러드를 그대로 유리병째 먹는 방식을 선호하진 않아서 드레싱을 골고루 버무리기 좋은 넓적한 접시나 그릇에 옮겨 담아 먹는다.

수프 🫙

- 토마토 수프
- 구운 붉은 피망 수프
- 병아리 콩과 만두
- 브로콜리와 치즈
- 으깬 땅콩 호박
- 렌틸콩

수프는 이동과 보관이 쉬운 유리병에 담아서 보관한다.

샌드위치 🥪

- 땅콩 잼과 과일 잼을 바른 샌드위치
- 구운 채소를 넣은 포보이 샌드위치
- 고기를 넣지 않은 완자

나는 평생 샌드위치만 먹어도 살 수 있을 정도로 샌드위치를 좋아한다. 빵 사이에 끼워 넣을 수 있는 재료는 무궁무진하다. 나는 금속 도시락에 샌드위치를 담아 다닌다.

간식 🥡 🧇

- 제철 과일: 오렌지, 사과, 딸기, 바나나
- 프레츨, 그래놀라
- 집에서 소분한 하루 견과
- 초콜릿 칩 쿠키
- 채소 스틱과 집에서 만든 후무스
- 말린 과일
- 에너지 바

주로 간식 두 가지 정도를 도시락이나 입구가 넓은 유리병에 넣어 다닌다. 집에서 직접 만든 간식은 냉장고에서 1~2주 정도 보관이 가능하다.

> *tip* 바나나는 바나나 산지에 살지 않는 이상 탄소 발자국이 매우 큰 식품이다. 탄소 발자국을 줄이기 위해 낱개로 판매하는 바나나를 구매하자. 마트 영업시간이 끝날 무렵에 가면 낱개로 된 바나나를 팔기도 한다.

쓰레기를 줄이려는 노력이 맛있는 음식을 포장할 수 없다는 의미는 아니다.

나는 새로운 맛집을 발견하면 음식점에 가기 전에 미리 전화를 한다. 그래야 필요한 사항을 말하고 내가 다소 특이한 주문을 하는 이유를 설명하기가 편하기 때문이다. 내가 음식을 담을 용기를 직접 가져간다고 하면 98%는 선뜻 그렇게 하라고 말한다. 미리 전화로 알려주면 거절당할 확률이 줄어들고 급하게 서두르지 않아도 된다.

직장인들의 점심시간으로 한창 바쁜 시간대는 피하는 편이다. 식당 측에서도 너무 바쁘다 보니 개인적인 요구를 일일이 들어주기 어려운 경우가 많다. 보통 나는 점심을 오후 1시 30분에 먹는다. 그때가 되면 자연스럽게 배고픔을 느끼기 때문이다. 이 시간에는 식당도 조금 한가해진다.

만약 개인 용기에 담아달라고 했을 때 직원이 당황하거나 이해하지 못한다면, 그냥 매장에서 먹겠다고 말한 뒤 음식을 준비해 간 개인 용기에 담아서 가져오는 방법이 있다. 나는 굳이 불필요한 설거지거리를 만들고 싶지 않아 되도록 이 방법은 피하는 편이다. 내가 하는 설거지가 아니라 해도 마찬가지다. 하지만 어쩔 수 없이 이 방법을 사용해야 할 때가 가끔 있다.

드물게 몇몇 패스트푸드 체인점에서도 개인 용기를 사용할 수 있지만 대부분 체인점은 개인 용기를 허용하지 않는 편이다. 주로 개인이나 가족 단위로 경영하는 작은 식당에서는 성공률이 높다. 이런 식당은 개인 용기에 담아달라는 부탁을 기꺼이 즐거운 마음으로 들어준다. 음식 포장 용기에 들어가는 비용을 줄일 수 있기 때문이다. 작은 식당을 이용하면 지역 경제 활성화에도 도움이 된다. 손님은 식당 주인과 친분을 쌓고 소상공인은 각별한 단골이 생기니까 서로 윈-윈하는 셈이다. 동네에서 식당을 운영하는 사람들은 대부분 마을에서 일어나는 일에 관심이 많으므로 마을 구성원들이 쓰레기를 줄이도록 노력하고 있다는 사실을 알리고 환경 의식을 고취할 기회도 될 수 있다. 대형 체인점은 본사에 보고해야 하고 의사 결정에 권한이 적기 때문에 지역과의 유대감이 적은 편이다.

내가 여러분에게 해줄 수 있는 최고의 조언은 주어진 환경에서 최선을 다하라는 것이다. 자신감을 가져도 좋다. 개인 용기를 가져가도 될지 허락을 구하지 마라. 허락은 필요 없다. 정중하게 웃는 얼굴로 말을 건네자. 이렇게 말이다. "안녕하세요, 혹시 음식을 개인 용기에 담아주실 수 있나요? 감사합니다." 식당 주인은 흔쾌히 여러분의 요구에 응해줄 것이다. 당당하고 정중한 태도가 (지금 내가 '정중함'을 얼마나 강조하는지 보이는가?) 힘의 역학을 바꾼다. 말하는 내내 당당함과 정중함을 유지하라. 자신감 있는 태도는 상대방에게 지금 이 일이 유별나지 않고 세상에서 가장 평범한 일이라는 인상을 줄 것이다. 상대방이 혼란스러워하거나 당황할 때는 이렇게 말하곤 한다. "저는 항상 개인 용기를 들고다녀요." 어려운 일이 아니다. 거짓말이 아니라 나는 매번 이렇게 한다. 내 의도를 분명한 어조로 말하면 상대방의 걱정도 누그러지기 마련이다.

당연한 말이지만 빈 용기를 가져갈 때는 알맞은 크기인지, 깨끗한 상태인지 확인하자. 지저분한 용기를 가져가면 안 된다. 식당에서 용기를 씻어주지도 않을뿐더러 괜히 좋지 않은 인상을 줄 수 있다.

#75 외식

근사한 레스토랑에서 외식을 하면 온갖 그릇이며 접시, 식사 도구 등 '진짜' 식기에 음식이 담겨 나온다. 고급 식당에서 일회용 종이 접시에 음식이 나온다는 것은 상상도 할 수 없다. 하지만 밖에서 밥을 먹을 때 부지불식간에 일회용품을 사용하게 되는 경우가 더러 있다.

가고 싶은 식당을 발견하면 내가 가장 먼저 하는 일은 인터넷으로 그 식당에서 음식이 어떻게 나오는지 검색하는 것이다. 일회용 접시가 아닌 진짜 접시에 나오는가? 천으로 된 냅킨을 사용하는가? 음료에 일회용 빨대를 꽂아서 주지는 않는가? 이런 정보들을 미리 알아두면 불필요한 쓰레기를 만들지 않을 수 있다. 집에서 재사용이 가능한 빨대를 준비해 가거나 빨대를 주지 말라고 부탁할 수도 있다.

종이 냅킨은 크게 걱정하지 않는다. 사용 후 집으로 가져와 퇴비로 만들 수 있다. 그리고 나는 음식을 남길 경우를 대비해 작은 밀폐 용기를 준비해 남은 음식을 담아오곤 한다.

모든 음식이 일회용 식기에 나오는 곳에 가야 한다면 집에서 개인 식기를 가져간다. 나는 회사 근처 카페에 갈 때 늘 개인 접시를 가져가는데, 카페 직원들도 무척 좋아한다. 사용한 접시는 다시 가져와서 회사 탕비실에서 세척한다.

　어떤 식당은 차가운 음료만 일회용 컵에 제공하는 곳도 있다. 나는 굉장히 이상한 정책이라 생각하고 개인 컵에 담아달라고 부탁했다. 그리고 대부분 흔쾌히 요구를 들어줬다. 필요한 것을 부탁할 수 있는 약간의 자신감과 용기만 있으면 된다.

나에게는 '30분' 원칙이 있다. 도보로 30분 미만 걸리는 거리는 걸어야 한다는 원칙이다. 물론 내가 항상 계획을 빈틈없이 잘 세우는 사람은 아니지만, 그래도 원칙을 한번 세우고 나니 약속을 잘 지키게 되었다.

자전거도 좋은 이동 수단이다. 걸어서 30분 걸리는 거리는 자전거로 10분이면 도착한다. 짧은 거리일수록 걷거나 자전거 타는 시간을 늘려보자. 자동차는 가고 멈추기를 반복하면서 탄소를 더 많이 배출한다.

걷기나 자전거 타기는 건강에도 큰 도움이 된다. 사무실에서 일하다 보면 앉아 있는 시간이 대부분이다. 30분 원칙 덕분에 몸을 움직이는 시간이 많아졌고 일상에서 자연스럽게 운동하는 효과를 보았다.

내가 사는 곳은 시내 근처 작은 마을이라 걷거나 자전거를 타기에 아주 좋다. 교외에 사는 사람들은 도보나 자전거로 출퇴근하기가 어려울 수 있다. 차가 필수인 곳이라도 집에서 가까운 곳에 갈 때는 30분 규칙을 자주 적용해보자.

나는 출근할 때 가까운 곳에 사는 직장 동료 두 명과 함께 차를 타고 출근한다. 우리 중 누군가 약속이 있거나 일찍 퇴근해야 하는 날에는 각자 따로 움직이지만, 한 차로 출퇴근하면 기름값을 절약할 수 있으므로 대체로 함께 다니는 편이다. 주위에 같이 카풀할 사람이 있는지 찾아보자. 카풀 일정표를 만들어 가까운 거리에 사는 사람들끼리 탄소 배출 절감에 뜻을 모아 함께 출퇴근할 방법을 마련할 수도 있을 것이다.

카풀 일정표는 직장 내 취미 활동 동호회 모임에도 활용할 수 있다. 함께 운동을 하거나 취미 활동을 할 구성원을 모으는 용도로 말이다. 혼자 다니는 것보다 여럿이 함께 다니면 출퇴근길이 훨씬 재미있다.

도로에 차가 적어지면 교통 체증도 줄어든다. 도로에 있던 자동차들이 갑자기 3분의 1로 줄어든다고 생각해보자. 아마 운전할 맛이 나지 않을까? 느긋하게 달리면서 연비도 절약된다. 고속도로에서 차가 막혀 계속 가다 서다를 반복하는 것은 꾸준히 시속 100km로 달리는 것보다 더 많은 기름을 소모하고 더 많은 오염 물질을 방출한다.

대중교통을 이용하는 방법도 고려해보자. 내가 사는 지역에는 배, 기차, 버스 등 다양한 대중교통 수단이 있다. 대중교통 수단이 다양하다 보니 원하는 곳은 대부분 대중교통을 이용해 갈 수 있다. 거주하는 지역의 다양한 대중교통 수단과 운행 시간을 찾아보자. 자신에게 맞는 대중교통을 이용하도록 노력하자.

Part 7

여행할 때

여행은 제로 웨이스트에 큰 걸림돌이 되기도 한다. 일상을 떠나 다른 곳에서 제로 웨이스트를 유지하기란 여간 쉬운 일이 아니다. 거듭 말하지만, 제로 웨이스트는 쓰레기나 탄소를 완벽하게 제로(0)로 만든다는 의미가 아니다. 여행 중에 발생하는 쓰레기를 줄이는 것 이상으로 환경에 미치는 영향을 자각하고 제로 웨이스트를 실천하려는 노력이 중요하다.

제로 웨이스트의 첫 번째 모토는 바로 '준비'다. 하지만 앞에 놓인 길이 어디를 향하는지 알지 못하면 준비하기가 어렵다. 나는 여행을 떠날 때 빈틈없이 꼼꼼하게 계획을 세우고 준비하는 사람이 아니다.

그렇다고 해서 '혹시 모르니까' 온갖 짐을 잔뜩 싸 들고 여행을 가고 싶지는 않다. 여기서 소개하는 목록은 남편과 내가 여행 가방에 챙겨 가는 물건들의 목록이다. 일정에 따라 목록에서 필요한 물건을 골라서 가지고 나간다.

보온 보냉이 되는 물병 두 개

우리는 항상 물병을 가지고 다닌다. 덕분에 다니면서 목이 마를 일도, 플라스틱 병에 든 물을 사 먹을 일도 없다. 바쁜 일상에서는 보온병에 뜨거운 커피를 담아 다니지만 여행지에서는 멋진 카페에 가서 느긋하게 커피를 마시며 그 시간을 즐길 때도 있다.

일정에 따라 물병을 하나만 가지고 나가 함께 마시기도 한다.

우리 둘 다 여행지에서 수많은 물건에 둘러싸이는 걸 좋아하지 않는 편이다.

손수건 네 장

한 명당 손수건을 두 장씩 준비한다. 손수건은 부피가 매우 작아서 공간을 거의 차지하지 않고 들고 다니기 편하다. 공중화장실에서 손을 씻고 닦을 때나 코를 풀 때, 도넛이나 페이스트리처럼 손에 많이 묻는 음식을 먹을 때 등등 손수건의 활용도는 무궁무진하다.

유일한 단점은 쉽게 더러워지고 빨래하기 쉽지 않다는 것이다. 호텔에서 손수건을 빨아서 사용하려면 충분히 말릴 시간을 확보해야 한다.

대나무 수저 세트 두 개

남편과 나는 대나무 수저 세트를 하나씩 가지고 있다. 자주 사용하지는 않지만 가방에 넣어두었다가 식당에서 플라스틱 수저가 나오면 개인 수저를 꺼낸다. 대나무 수저는 비행기를 탈 때 검색대에 걸릴 일도 없고 무게도 매우 가벼워 부담 없이 챙겨 다니기 좋다.

금속 밀폐 용기 두 개

남편과 나는 금속 밀폐 용기를 하나씩 가지고 있다. 여행할 때 이 용기를 가지고 다니면 만사가 수월해진다. 특히 내가 가지고 있는 용기는 접을 수 있어 휴대성이 아주 좋다.

여행하다 보면 음식을 미리 준비할 시간이 없을 때도 있다. 그럴 때면 각자 밀폐 용기에 샌드위치나 도넛을 담아 다닌다. 신혼여행을 갔을 때도 공항 카페에서 이 밀폐 용기에 샌드위치를 포장해 먹었다. 덕분에 일회용 포장지를 사용하지 않았다. 여행지에서는 남은 용기를 포장하는 용도로 밀폐 용기를 딱 하나만 들고 다닌다.

장바구니 한 개

나는 늘 장바구니를 준비해 다닌다. 아주 작은 크기로 접히는 가벼운 장바구다. 여행지에서는 쇼핑을 많이 하지는 않지만 혹시 몰라 준비한다. 장기간 머물 계획이거나 숙소에서 음식을 요리할 계획이 있을 때는 현지에서 장을 볼 가능성이 크므로 장바구니를 여러 개 준비하기도 한다.

주방용 세제

작은 병에 주방용 세제를 넣어 다니자. 개인 식기나 수저 등을 숙소에서 씻을 때 필요하다. 나는 닥터브로너스의 물비누를 늘 가지고 다닌다. 말 그대로 '만능' 비누이기 때문이다.

양말이나 손수건을 빨아야 하는가? 몸을 씻어야 하는가? 설거지를 해야 하는가? 모두 닥터브로너스 물비누 하나로 해결할 수 있다.

#78 공항에서

'비행기'와 '제로 웨이스트'를 같은 문장에 나란히 두는 것은 모순이다. 그렇다고 제로 웨이스트를 실천할 방법이 아예 없는 것은 아니다. 일부 항공사는 탄소 배출을 줄이기 위해 바이오 연료를 사용하기도 한다. '솔라 임펄스2'는 화학 연료 없이 태양광을 동력으로 이용해 탄소를 배출하지 않는 비행기로, 2016년 4월 일본 나고야에서 미국 하와이까지 비행에 성공했다.

변화는 일어나고 있지만 천천히 진행 중이다. 사람들에게 여행하지 말라거나 먼 곳에 사는 가족을 방문하지 말라고 말하는 것이 불가능하므로 탄소 배출을 최소한으로 줄이고 제한하는 방향으로 노력해야 한다. 일상에서 벗어나 여행을 다니는 것은 자기 계발의 측면에서도 매우 중요하다. 여행은 다른 나라의 문화를 경험하며 세계를 이해하는 안목을 키워준다. 그 기회를 포기하지 말고 환경에 해를 덜 끼치는 방법, 환경에 더 이로운 방식을 찾는 데 집중하자.

여행 거리 줄이기

가까운 곳으로 단기간 여행을 자주 가는 것보다 횟수를 줄이고 장기간 머무는 방식을 선택하자. 여행 거리와 인원에 따라 자동차로 이동하며 탄소 배출을 줄이는 방법을 찾을 수도 있다.

> *tip* **5시간 규칙: 탄소 배출 감소를 고려하여 비행기로 이동하기 가장 좋은 여행지는 4~5시간 정도 비행 거리에 있는 장소다. 장거리 비행을 하면 비행기에 추가로 연료를 더 넣어야 하고 이로 인한 무게 때문에 탄소 배출량이 증가한다. 4~5시간보다 짧은 거리는 이동에 드는 연료보다 이착륙에 사용되는 연료의 비율이 더 높다.**

이코노미 좌석 이용하기

비즈니스 좌석은 한 사람당 3배가량 탄소를 더 배출한다.

'빈' 물병

여기서 핵심은 '빈'이다. 물병에 물을 채워 가면 공항 안전 요원에게 제지당할 확률이 높다. 물을 버릴 곳도 마땅치 않다. 그 자리에서 물을 벌컥벌컥 마시거나 물병을 쓰레기통에 버리는 수밖에 없다.

제로 웨이스트 원칙에 따르면 물을 들이키고 검색대를 통과해야 하지만, 최악의 경우에는 공항 보안 요원이 집요하게 추궁

할 수도 있다. 어쩌면 비행기 탑승 시간에 늦거나, 좌석이 중간에 끼어 있다면 비행 내내 불편하게 화장실을 들락거려야 할 수도 있다.

이 모든 상황을 피하려면 '빈' 물병을 준비하자. 검색대를 통과한 후 물을 채우면 된다. 보통 화장실 근처에 음수대가 마련되어 있다. 음수대가 없으면 공항 내 카페를 찾아가면 된다.

간식 준비하기

비행과 배고픔이 어떤 연관이 있는지는 모르겠지만, 이상하게 나는 비행기만 타면 배가 고프다. 평소에는 서너 시간 정도는 뭘 먹지 않아도 괜찮다. 그런데 어떤 이유에서인지 비행기에만 타면 뭔가가 먹고 싶어진다. 평소 식사 습관이나 간식 먹는 시간 등을 고려해 간식을 준비하면 도움이 된다. 나는 작은 유리병에 건블루베리와 견과류를 담아 간다. 각각 다른 병에 담는데, 혹시라도 옆좌석에 앉은 사람이 견과류 알레르기가 있을 수도 있기 때문이다(심한 알레르기가 있는 사람은 승무원에게 미리 알려서 승무원이 이 사실을 공지하기도 한다). 아무튼, 비행 중에 누군가를 위험에 빠트리고 싶지는 않다.

약 1L 크기의 투명 가방

미국 TSA(교통안전청)의 승인을 받은 투명하고 재사용이 가능하며 지퍼로 밀폐할 수 있는 여행용 액체 가방(파우치)이 있다. 이 투명 가방은 온라인이나 공항 내 상점에서 쉽게 구입할 수 있다. 이 지퍼 백에 약 90mL 용량의 병 서너 개가 들어간다. 이 병에 평소 사용하던 화장품이나 액상 비누 등을 채우면 된다. 여행용으로 나온 제품을 따로 살 필요는 없다. 나는 고등학교 때부터 사용하던 TSA 승인 가방과 병을 지금까지도 잘 사용하고 있다. 험하게 다루지만 않는다면 앞으로도 몇 년은 거뜬히 사용할 수 있다.

책 대여하기

여행을 가기 전에 도서관에 들러 책을 빌린다. 도서관에서 책을 대출하는 것은 공유 경제의 일환이다. 대부분 도서관은 전자책 대여 서비스도 제공한다. 스마트폰이나 전자책 단말기에 전자책을 담아 가면 된다.

#79 여행 중에

보냉 백

보냉 백은 여행의 좋은 동반자다. 비행기에서 먹는 간식이 있다 해도 여행 중에는 입이 심심할 때가 많다.

나는 부모님과 함께했던 자동차 여행에서 좋은 추억을 많이 쌓았다. 여행 중에는 불량식품도 마음껏 먹을 수 있었고 그래서 인지 여행만 가면 이상하게 배가 고프고 자꾸 무언가 먹게 되었다. 주유소에 들를 때마다 과자들이 나를 유혹했고 온갖 인스턴트 간식이나 패스트푸드를 사 먹었다. 당연히 이런 음식들은 몸에도 좋지 않고 엄청난 쓰레기를 만들었지만 유혹을 끊기는 힘들었다. 그래서 내가 택한 방법은 보냉 백에 맛있는 간식거리를 잔뜩 준비해 정크 푸드의 유혹을 견디는 것이었다. 다음은 내가 보냉 백에 자주 싸 가는 간식 목록이다.

바나나	사과	땅콩 버터	빵
후무스	채소 스틱	젤리	

손가락 마디 길이로 자른 당근을 후무스에 찍어 먹거나 얇게 썬 사과 위에 땅콩 버터를 얹어 먹으면 정말 맛있다. 배가 많이 고플 때는 땅콩 버터와 잼을 바른 샌드위치를 먹는다.

제로 웨이스트 상점에서 쉽게 구할 수 있고 냉장고에 보관할 필요가 없는 간식도 있다.

구운 병아리 콩   견과류   그래놀라

진짜 음식

간식만 먹고 살 수는 없다. 때로는 따뜻하고 맛있는 식사 한 끼가 간절하다. 하지만 여행을 다니다 보면 온통 패스트푸드만으로 끼니를 해결할 때가 많다. 일회용 포장지와 쓰레기도 더 많이 배출하게 된다.

앉아서 먹는 식당을 찾아가자. 식당은 패스트푸드 매장에 비해 문을 늦게 열지만 '진짜 음식'을 판다.

근처에 테이블을 갖춘, 제대로 된 식사를 할 만한 식당이 없을 때 내가 자주 가는 패스트푸드 가게는 서브웨이Subway다. 제로 웨이스트를 시작한 후에도 서브웨이를 몇 번 이용했다. 서브웨이에서 제공하는 포장 용기는 대부분 재활용이 가능하다.

이 외에 다른 패스트푸드점을 간다면 타코벨Taco Bell의 부리토 또는 버거킹Burger King의 햄버거나 채식 버거처럼 종이 포장지에 포장되어 나오는 음식을 찾아보자. 이 포장지들은 모두 퇴비화

가 가능하다. 원치 않는 플라스틱 쓰레기를 피하는 가장 좋은 방법은 개인 컵을 가지고 다니는 것이다. 대다수 패스트푸드 음식점은 개인 용기를 가져와 음식을 담아가는 것을 좋아하지 않는다(모든 패스트푸드점이 그런 것은 아니므로 물어보고 확인하자! 물어본다고 다치지 않는다!). 그나마 음료에 관해선 관대한 경우가 많다. 특히 컵에 계량 단위가 새겨져 있으면 개인 컵에 잘 담아주는 편이다. 패스트푸드점에서 제공하는 일회용 컵 용량을 확인하고 적당한 텀블러나 컵을 가져가 음료를 담아달라고 부탁하면 된다. 계산하는 사람에게 개인 컵 용량을 알려주면 더욱 좋다. 개인 컵 사용이 안 된다고 하면 일회용 컵에 음료를 담되, 플라스틱 뚜껑과 빨대는 사양하자.

퇴비 처리하기

여행을 하다 보면 바나나 껍질이나 사과 씨, 서브웨이 샌드위치 포장지 등 유기물 쓰레기가 자주 생긴다. 음식물 쓰레기나 퇴비 처리가 가능한 쓰레기는 밀봉할 수 있는 작은 봉지에 담아 자동차 안에 두었다가, 집에 돌아왔을 때 퇴비용으로 마련한 통에 넣으면 된다. 온도가 높은 날에는 밀봉이 제대로 되었는지 확인하고 트렁크에 두는 것이 좋다.

제로 웨이스트 키트

자동차 여행은 비행기 여행에 비해 상대적으로 공간 제약이 적은 편이다. #77을 참고해 제로 웨이스트 키트를 자동차에 마련해두면 거의 모든 상황에 대처할 수 있다.

욕실 용품

자동차 여행은 비행기 여행처럼 액체 용량 제한 규정이 없다. 그렇다고 해서 커다란 샴푸 통을 통째로 들고 여행을 다니기에는 성가시다. 나는 여행용 튜브에 샴푸와 바디워시를 담아 간다. 물론 욕실 용품을 통째로 들고 다녀도 상관없다. 이는 순전히 개인의 선택이다.

깜박 잊고 비누나 샴푸를 챙겨 가지 않았다면 호텔에서 제공하는 제품을 사용해도 된다. 다만, 쓰고 남은 비누나 샴푸는 집으로 가져와서 다음 여행에 사용하도록 하자. 무엇이든 일단 뚜껑을 열면 버리지 말고 끝까지 사용하는 것이 중요하다.

첨단 기술 활용하기

요즘은 어디서나 쉽게 인터넷 접속이 가능하다. 휴대폰만 있으면 일회용 접시를 사용하지 않는 식당, 친환경 포장재를 제공하는 상점 등 알고 싶은 정보를 쉽게 찾을 수 있다. 고작 몇 분을 투자해 검색한다면 제로 웨이스트 해결책이 손에 들어온다.

#80　　　　　　　　　　　　　탄소 상쇄

여행을 이야기하면서 탄소 상쇄*를 논하지 않을 수 없다. 여행을 다니며 숙소의 냉난방, 자동차, 비행기 이용 등으로 배출하는 이산화탄소나 기타 온실가스를 어느 정도 상쇄해주는 탄소 상쇄 프로그램을 이용할 수 있다. 탄소 상쇄 프로그램은 더 나은 환경으로 나아가기 위한 좋은 방법이다. 탄소 상쇄 프로그램을 운영하는 단체나 기관이 우리가 투자하는 비용으로 나무를 심고, 지속 가능한 쓰레기 처리 시설을 만들고, 개발 도상국에 클린 에너지(환경 오염의 원인이 되는 유해 가스나 폐기물 등이 발생하지 않는 무공해 연료로 전기, LPG, 수소 등이 있다) 설비를 갖추는 활동을 한다. 매년 자신이 만들어내는 탄소 발자국을 계산해 탄소 배출권을 구매하는 방법을 추천한다.

지난해 나의 탄소 발자국은 대략 2,700kg이었다. 탄소 발자국은 글로벌 탄소 발자국 기구가 운영하는 홈페이지(footprint-calculator.org)에서 계산할 수 있다.** 여기서 산출된 탄소 발자국의 상쇄 비용은 terrapass.com이나 미국 농부무 산림청의 나무

심기 프로그램을 통해 상쇄한다. 나의 탄소 상쇄 비용은 40달러 미만이어서 가격 부담이 매우 적은 편이다.

* 배출된 이산화탄소만큼 온실가스 감축이나 환경 관련 투자를 하는 행위이다. 또는 기업, 산주, 지방자치단체 등이 자발적으로 탄소 흡수원 증진 활동을 하고 이를 통해 확보한 산림 탄소 흡수량을 정부가 인증해주는 제도를 말한다.

** 국내에도 탄소 발자국 계산 서비스를 제공하는 사이트가 여러 개 있다. 대표적으로 한국기후환경네트워크(www.kcen.kr/USR_main2016.jsp)에서 운영하는 탄소 발자국 계산기, 한국일보에서 제공하는 '한끼 밥상 탄소 계산기(interactive.hankookilbo.com/v/co2e/)'가 있다.

지금까지 주로 비행기 여행에 관해 이야기했지만, 숙소나 여행지에서 돌아다닐 때 실천할 수 있는 방법도 고민해보자.

호텔은 놀라울 정도로 탄소 배출량이 높다. 호텔에서 매년 배출하는 탄소의 양은 6억 톤에 달한다. 그렇다고 해서 절대 호텔에 투숙하지 말라는 말은 아니다. 다만, 시야를 넓혀 다양한 숙소를 생각해보자는 의미다.

요즘은 친환경 호텔이 점점 인기를 얻는 추세다. 친환경 호텔 인증을 받으려면 몇 가지 심사 기준을 통과해야 하는데, 이런 인증을 받은 호텔을 우선 고려하는 것도 좋은 방법이다. 가장 인기 있는 인증은 어스체크EarthCheck, 그린글로브Green Globe, 지속 가능한 관광 인증Sustainable Tourism Eco-Certificate 등이 있다. 미국에 거주하는 사람이라면 묵게 될 숙소가 친환경 건축물 인증인 LEED(Leadership in Energy and Environmental Design)를 받은 건물인지, 에너지 스타 등급은 얼마나 되는지 등을 확인할 수 있다. 나라별로 다양한 인증 제도가 있지만 인증과 더불어 다음과 같은 사항도 함께 고려하면 도움이 된다.*

- 에너지 절감 여부
- 토지 관리 프로그램
- 퇴비 처리 시설
- 태양열 패널
- 사회 환원
- 지역사회 기여도
- 환경보호 관련 교육
- 건축 자재
- 자전거 공유

최근 들어 생태 관광Ecotourism**이 부상하고 있다. 관광객이 몰려들면 지역 생태계와 문화가 위협받지만 대부분 관광지는 이에 대처할 준비가 되어 있지 않다. 생태 관광은 긍정적 가치를 창출하는 데 집중한다. 생태 관광의 목적은 지역 주민의 생계유지와 환경 보전이다. 예컨대, 벨리즈 여행을 계획하는 사람이라면 그 지역에 있는 개코원숭이 보호구역을 방문할 수 있다. 이곳은 멸종 위기에 처한 원숭이를 구하기 위해 지역 주민들이 특별히 보호구역으로 지정해 관리하는 곳이다. 이곳에서 관광객이 소비한 돈은 멸종 위기 동물을 보호하고 울창한 숲을 조성하며 그 영토를 더욱 잘 보존할 수 있도록 지역사회의 발전을 도모하는 데 사용된다. 이 외에도 외래종 식물을 제거하는 일을 돕거나 지역 농장에서 자원봉사 활동을 하는 형태의 생태 관광도 있다. 생태 관광을 하면서 민박 집을 숙소로 삼거나, 텐트를 치고 전기나 가스 등을 사용하지 않는 캠핑을 즐길 수도 있다.

---

* 국내에는 한국환경산업기술원에서 시행하는 '환경표지제도'가 있다.

** 국내에서는 환경부가 생태 관광 육성을 위해 생태계 보호를 체험하고 교육할 수 있도록 환경적으로 보전 가치가 있는 전국 44곳(2022년 기준)을 생태 관광 지역으로 선정했다. 자세한 정보는 각 지방의 환경청 홈페이지에서 확인할 수 있다

Part 8

특별한 날에

특별한 날을 위한 행사를 준비하며 모든 사항을 통제할 수 없지만,
미리 계획을 잘 세운다면 환경에 미치는 영향을 줄일 수 있다.

#82 일회용품 쓰지 않기

나는 특별한 행사를 개최할 때면 일회용이 아닌 접시, 식기, 컵, 천 냅킨 등을 준비한다. 행사 직전에는 항상 세탁기와 식기세척 기를 미리 비워두는 것이 좋다. 행사가 끝난 밤, 각종 리넨들은 세탁기에 넣고, 식기류는 식기세척기에 넣은 뒤 버튼만 누르고 잠자리에 들면 되기 때문이다.

식기세척기가 없는 사람은 친구들에게 설거지와 정리를 도와 달라고 부탁해보자. 내 친구들은 다들 기꺼이 도와준다. 파티가 끝난 후 느긋하게 와인을 마시며 다 함께 설거지를 하고 정리하 는 시간은 또 다른 즐거움을 준다.

이런 방식의 행사는 일회용품을 사용할 때보다 뒷정리가 훨 씬 수월하고 빠르다. 인간의 심리에는 물건에 대한 뿌리 깊은 존 중심이 있다. 일회용품을 취급할 때와 진짜 물건을 다루는 태도 는 다르다. 행사 장소에서 일회용 컵과 접시, 종이 냅킨은 마구 쓰이고 버려진다. 파티 인원이 40명이라도 실제 사용하는 접시 는 60개가 넘는다. 유리잔, 도자기 접시, 천 냅킨을 사용하면 한

세트를 바꾸지 않고 계속 사용하게 된다. 일회용이 아니라는 이유만으로 자신도 모르게 그렇게 하는 것이다. 디저트 테이블에서 무의식적으로 종이 냅킨을 사용하던 사람들도 천 냅킨이 놓인 것을 보면 덜 사용하는 모습을 보인다.

파티에 사용할 접시나 천 냅킨이 충분하지 않다면 친구나 가족에게 빌릴 수 있는지 확인하자. 나 또한 지난번에 꽤 큰 파티를 준비하면서 의자와 식탁, 컵 등을 지인에게 빌려왔다. 물건을 사서 쌓아두는 것보다는 나눠 쓰는 것이 훨씬 낫다.

tip　유리잔에 수용성 펜이나 왁스 연필 등으로 컵 사용자의 이름을 적어두면 편리하다.

#83

장식

첫 번째로 지속 가능한 장식은 이미 가지고 있는 장식품이다. 두 번째로 지속 가능한 장식은 자연 친화적이고 퇴비화가 가능한 장식품이다. 자연에서 얻은 장식품은 아름답고 단순하며 계절별로, 기념일별로, 파티 주제별로 과감하게 변화를 줄 수 있다.

나는 과한 장식을 하지 않으려고 노력하는 편이지만 밝은 분위기를 연출하는 걸 무척 좋아한다. 장식할 때는 계절을 고려해야 한다. 지구 반 바퀴를 돌아서 온 꽃을 구매하는 것은 조금 그렇지 않을까? 12월에 여는 파티는 그 계절에 맞는 꽃을 구하기 쉽지 않다. 그럴 때 나는 나뭇가지와 촛불로 꾸미곤 한다. 보기도 좋고 따스하게 느껴지며 계절감이 잘 살아난다.

추수감사절 식탁에는 속을 파낸 커다란 호박과 작은 호박을 올려놓으면 근사하다. 커다란 호박 속은 아름다운 꽃으로 가득 채운다. 샐러드 위에 뿌린 바삭한 호박씨 토핑이 이 호박에서 나온 거라면 얼마나 멋질까? 작은 호박은 파티가 끝난 뒤 호박 수프로 만들 수 있고 호박 껍질은 모두 퇴비로 만들어 자연으로 돌아갈 수 있게 한다. 호박은 훌륭한 장식품이자, 온전하게 생명을 바친 음식이며, 제로 웨이스트 그 자체다.

부활절에는 천연 염색을 한 삶은 달걀들이 좋은 장식품이 된다. 초대한 손님들과 함께 나누고, 남은 달걀은 다음 점심시간에 먹는다. 부활절 식탁 중앙에는 아름다운 제철 꽃이 근사하게 잘 어울린다. 특히 봄에 피는 장미가 있다면 더욱 좋다. 장미꽃이 시들기 시작하면 꽃잎을 떼어 물에 넣고 장미수로 활용하고 분위기를 낼 수도 있다. 그렇게 사용하고 남은 줄기와 꽃잎은 퇴비로 만들면 된다.

행사 음식 준비는 내 창의력을 한껏 고조시킨다. 부활절에는 토끼 모양의 케이크를 굽고, 추수감사절에는 푸짐하고 화려한 파이를 만든다. 핼러윈에는 채소들이 온갖 으스스한 모습으로 탈바꿈한다. 예를 들면, 콜리플라워로 뇌를 만들고 작은 당근을 손가락 모양으로 잘라 피처럼 붉은 비트 후무스에 찍어 먹는 식이다. 창의력을 발휘할 음식은 무궁무진하다. 멋진 파티에 굳이 값싼 B급 장식품들이 동원될 필요는 없다.

장식의 생명은 분위기다. 분위기는 파티의 특징과 결을 결정하는 중요한 역할을 한다. 초를 밝혀 은은하게 조명을 비추고 파티에 어울리는 완벽한 음악을 틀어보자.

#84　핑거 푸드 vs 정식

제로 웨이스트는 간편식이나 즉석식품에 정면으로 맞선다. 이런 음식을 끊으면 건강에도 훨씬 도움이 된다. 하지만 여러 명에게 음식을 대접할 때는 그에 맞춰 다양하고 많은 요리를 준비하기가 만만치 않다.

나는 파티를 준비할 때 가장 먼저 참석 인원을 확인한다. 10명 내외의 소수 인원이라면 테이블에 둘러앉아 먹을 수 있고 준비도 상대적으로 간단하다. 하지만 10명 이상 모이는 자리라면 흥겨운 파티 분위기를 즐기며 가볍게 집어 먹을 수 있는 핑거 푸드를 준비한다.

그다음 고려할 사항은 계절과 날씨다. 계절과 날씨에 따라 파티 장소, 메뉴, 분위기 등이 달라진다. 예를 들어, 추수감사절에는 옥수수가 인기 있지만 사실 옥수수는 가을에 나는 음식이 아니다. 그렇다면 어떻게 해야 할까?

식사 메뉴 계획은 내가 가장 좋아하는 단계다. 파티 일주일 전, 나는 파머스 마켓에 가서 제철에 나는 가장 싱싱한 식재료들을 점검한다. 그리고 그 재료에 맞춰 메뉴를 계획한다. 마음에 드는 식재료를 발견하면 농부에게 다음 주에도 그 재료가 나오는지, 다음 주에 나올 제철 재료는 무엇인지 미리 확인한다.

나는 미리 만들어놓은 음식과 쉽게 요리할 수 있는 음식, 그리고 사람들의 시선과 입맛을 사로잡을 근사한 요리 한두 가지를 조합해 준비하는 편이다. 이렇게 하면 주방에 틀어박혀 몇 시간씩 고생하며 음식을 요리하지 않아도 된다.

한두 가지 고급 메뉴는 대체로 요리하기 어렵고 시간도 조금 더 걸린다. 하지만 만드는 과정이 재미있고 파티를 더욱 돋보이게 할 수 있다. 여기에 먹을 수 있는 장식을 더하면 정말 근사해진다. 추수감사절에 식탁에 둘러앉아 자신의 이름이 새겨진 미니 파이를 먹는다면 정말 즐겁지 않을까? 실용적이고 맛도 좋은 데다 입맛과 시선을 단숨에 사로잡을 것이다.

식탁에 앉아서 먹는 음식(정식)

나는 식탁에 음식을 차릴 때는 샐러드, 함께 먹을 빵, 주요리, 곁들임 요리(반찬) 두 가지, 디저트를 준비한다. 음료는 레드 와인과 화이트 와인을 준비하고, 술을 마시지 않는 사람을 위해 차를 내놓는다. 이렇게 앉아서 즐기는 정식은 친밀한 분위기에 격식도 어느 정도 갖춰져 있어 계획하는 데 상대적으로 어려움이 덜하다. 모두가 같은 음식을 먹기 때문에 준비 시간을 절약하기도 쉽다.

시간을 절약하는 나만의 방법은 빵과 디저트를 동네 빵집에서 구매하는 것이다. 여러 개 묶음으로 판매하는 빵을 사서 식사 준비가 되면 오븐에 데워 내놓는다. 따뜻한 빵은 맛이 좋다. 바구니에 천 냅킨을 깔고 빵을 담아 테이블에 올린다. 빵집에 갈 때 개인 용기를 가져가 케이크도 함께 사 온다. 빵이나 케이크를 누가 만들었는지는 굳이 알릴 필요 없다. 여러분의 제로 웨이스트 비밀은 내가 지켜주겠다.

아주 간단하게 만들 수 있는 반찬도 있다. 반찬을 굳이 복잡하고 번거롭게 만들 필요는 없다. 단순하게 신선하고 좋은 재료를 내놓는 것이 더 좋을 때도 있다. 파머스 마켓에서 신선하고 맛있는 채소를 준비하자. 굳이 인생을 어렵고 복잡하게 살 필요 있겠는가.

가볍게 집어 먹는 음식(핑거푸드)

규모가 큰 파티는 가볍게 집어 먹는 스낵류를 준비하는데, 이 경우는 좀 더 복잡하다. 일단 밤늦도록 파티를 즐기는 손님들을 위해 다양한 음식을 마련해야 한다. 개인적인 경험으로는 12가지 음식과 3가지 술(또는 알코올이 포함되지 않은 음료)가 적당한 것 같다.

나는 뒷정리를 포함한 모든 과정을 좀 더 편하게 하려고 늘 가볍게 집어 먹는 음식을 고수한다. 이런 음식은 천 냅킨만 있으면 파티 후 산더미처럼 쌓인 설거지를 하는 수고를 덜 수 있다. 식탁 주위를 돌아다니며 이야기를 나누고 음식을 먹다 보면 굳이 냅킨을 사용하지 않는 사람들도 많다.

　다음은 내가 주로 준비하는 음식의 리스트다.

음료

1. 술: 따스한 날에는 상그리아가 제격이다. 쌀쌀한 날씨에는 뱅쇼가 어울린다. 나는 상그리아와 뱅쇼 둘 다 레드 와인을 베이스로 사용한다. 상그리아와 뱅쇼는 맛도 훌륭하지만 만들기 쉽고 사람들을 기쁘게 한다.

2. 무알코올 음료: 주로 레모네이드나 차를 준비하는 편이다. 시간이 없을 때는 레모네이드보다 준비하기 훨씬 간편한 차를 준비한다.

복잡한 조리 과정이 필요 없는 요리

1. 크뤼디테: 크뤼디테는 모든 계절에 잘 어울리는 생채소 또는 생과일 요리다. 내 파티에 온다면 분명 소스를 곁들인 신선한 채소와 과일을 보게 될 것이다.

2. 샤퀴테리 : 샤퀴테리는 치즈나 햄 등을 나무 도마에 플레이팅
   하는 요리다. 동네에서 생산되는 가공육과 치즈를 이용해 쉽
   게 만들 수 있다.

3. 다양한 소스 : 나는 소스를 세 가지 정도 준비한다. 신선한 후
   무스는 늘 포함한다. 그리고 올리브 타파네이드나 양파잼을
   준비하고 홀그레인 머스타드(겨자씨 소스)도 준비한다. 머스
   타드는 유리병에 든 제품을 구입한다.

4. 올리브 : 나의 경우, 올리브가 함께 들어 있는 치즈나 가공육
   을 준비할 때가 많으므로 병에 든 올리브를 따로 구매하지 않
   는다.

5. 견과류 : 다양한 견과류는 늘 인기 만점이다. 동네에 무게 단
   위로 덜어서 살 수 있는 상점에서 다양한 견과류를 구입한다.
   견과류와 몇 가지 향신료를 섞어 고소한 향이 올라올 때까지
   오븐에 굽는다. 나는 곱게 간 라임 껍질과 피망 가루, 소금, 잘
   게 부순 말린 건고추 등을 섞어서 구운 요리를 즐겨 만든다.

6. 빵 : 동네 빵집에서 바게트를 몇 개 썰어 와 접시에 나눠 담으
   면 사람들이 각자 입맛에 맞게 샌드위치를 만들어 먹는다.

메인 요리

파티에 내놓을 수 있는 요리는 무궁무진하다. 달콤한 요리든 새콤한 요리든 이 요리가 주인공이 되어야 한다. 모두의 입이 떡 벌어질 정도로 창의력이 반짝이는 요리를 준비해보자. 내가 만들었던 요리를 소개하자면, 미니 파이, 슬라이더 버거, 프레첼, 시럽이나 초콜릿 등을 바른 사과, 구운 라비올리, 치킨 너겟이나 채소 너겟, 타코컵 등이 있다.

두 가지 디저트

1.과일 : 과일은 손에 들고 먹기 좋은 음식이다. 물론 입맛을 돋우는 역할도 톡톡히 한다. 껍질을 벗겨 썬 바나나는 추천하지 않는다. 하지만 제철 딸기를 수북하게 담아두면 사람들이 지나다니며 쉽게 집어 먹을 수 있다.

2.쿠키, 컵케이크 : 쿠키나 컵케이크는 직접 구워도 되고 동네 빵집에서 사 와도 된다. 준비하기도 쉽고 핑거 푸드와 궁합이 잘 맞는다. 나는 유산지를 따로 깔지 않고 컵케이크를 굽는데, 이렇게 하면 케이크를 다 먹고 난 후 따로 쓰레기가 나오지 않는다.

퇴비 처리와 재활용

큰 파티를 열 때는 퇴비용 통과 재활용 분리수거함을 꼭 마련하고 수거함마다 용도를 식별할 수 있는 라벨을 붙여두자. 이렇게 해두면 손님들이 각자 재활용 쓰레기나 남은 음식물을 처리하기 편하고 뒷정리도 간단하다.

내가 가진 베이킹 접시와 믹싱 볼은 모두 뚜껑이 있다. 파티장에는 이 그릇들이 총동원된다. 파티가 끝나고 남은 음식은 그대로 뚜껑만 덮어두고 잠자리에 든다. 이렇게 하면 깨끗하게 보관되고 마르지 않는다. 혼자 처리하지 못할 만큼 많이 남은 음식은 손님들이 가져갈 수 있도록 한다.

tip 나는 마트에서 파스타 소스나 겨자 소스, 샐러드 드레싱, 올리브 등을 구매할 때 꼭 유리병에 든 제품으로 산다. 내용물을 다 먹은 후 병은 깨끗이 씻어 보관해두었다가 손님들에게 음식을 싸줄 때 활용한다. 쓰레기를 전혀 만들지 않고 음식을 나눠줄 수 있는 좋은 방법이다.

파티 답례품

구태여 정성 들여 준비하지 않아도 된다고 생각한다. 나는 지금까지 파티에 가서 "이런, 손님을 위한 파티 답례품이 없네"라고 말한 적이 한 번도 없다. 오히려 필사적으로 사양하는 편이다. 파티를 주최한 사람이 내게 답례품을 건네면 나는 '깜박 잊고' 정말 '우연히' 어딘가에 놓고 온다. 파티 답례품 문화는 아예 폐지되길 바란다.

#87 보답 선물

나는 답례품에 반대하지만 파티 주최자를 위해 준비하는 선물은 적극 찬성한다. 초대를 받았을 때 빈손으로 가는 것은 예의가 아니라고 생각하기 때문이다. 가장 좋은 선물은 소모품이다. 파티에 참석한 사람들과 함께 나눠 먹거나 사용할 수 있는 것, 주최자가 두고두고 사용할 수 있는 것이 좋다. 나는 주로 다음 목록 중 하나를 준비해 간다.

- 갓 구운 빵
- 와인
- 생화 꽃다발
- 고급 찻잎

#88 특별한 날 옷차림

친구 결혼식에서 입을 옷, 격식을 갖춰야 하는 자리에서 입을 정장, 테마 파티에서 입을 핫 핑크 또는 얼룩말 무늬 미니스커트 등 특별한 옷이 필요할 때가 있다. 기껏해야 한두 번 입을 옷이거나 다시 입을 일이 없는 옷이라면 다음 방법을 고려하자.

중고 상점

예전에 내 직업은 배우였다. 그때는 파티도 많았고 모든 파티마다 테마가 정해져 있었다. 단 한 개의 파티도 평범하지 않았고, 파티용 의상도 셀 수 없이 많았다. 파티 의상은 항상 중고 상점에서 사 입었고 파티가 끝난 뒤에는 다시 기부했다. 남편과 나는 매주 열리는 파티에서 입을 특별한 의상을 찾으러 늘 중고 옷 가게를 뒤지고 다녔다.

옷 한 벌당 평균적으로 5~10달러를 지불했다. 나는 이 돈을 그냥 '빌려 입는 값'이라고 생각했다. 근처 중고 옷 가게나 구제숍에 가보면 생각보다 다양한 옷에 깜짝 놀랄 것이다. 물론 격식

있는 파티에 걸맞은 점잖은 옷도 다양하게 구비 되어 있다.

지인에게 빌리기

친구의 옷장을 절대 과소평가하지 말자. 대학 시절, 나는 옷이 무척 많았다. 당시 남자친구는 정치 분야에서 일을 했고 직업 특성상 저녁 식사 자리와 기금 조성 모임, 온갖 행사들이 끊이지 않았다. 내가 가진 드레스만 해도 200벌이 넘었다. 옷이 너무 많다 보니 대학교 동기들이 내게 와서 행사 때 입을 옷을 빌려 가곤 했다.

대여 서비스

행사에 참석할 때마다 계속 같은 옷을 입고 싶지 않다면 대여를 선택하자. 하루나 이틀 정도 대여 서비스를 제공하는 온라인 대여점들이 꽤 있다. 대여는 저렴한 비용으로 근사한 옷을 입을 수 있는 좋은 방법이다.

격식을 갖춰야 하는 자리에 입고 갈 정장도 대여할 수 있다. 물론 좋은 정장은 한 벌 사놓으면 두고두고 활용할 수도 있다. 남편에게도 짙은 회색 정장 한 벌이 있는데 어느 행사에 참여하든 그 옷을 입는다. 다양한 파티며 오프닝 행사, 공연 관람, 결혼식 등 특별한 이벤트가 있으면 무조건 그 옷을 입는다. 하다못해 우리 결혼식에도 그 정장을 입었으니 정말 어지간하다. 검은 넥

타이나 흰 넥타이를 반드시 착용해야 하는 자리에는 넥타이 색에 맞는 정장을 대여하자.

> *tip* 정장을 차려입어야 할 상황에 대비해 제대로 된 좋은 정장을 한 벌 맞추는 것도 괜찮은 방법이다. 그러면 매번 대여하거나 정장 세트를 전부 구매하지 않아도 된다. 한번 사두면 두고두고 입을 수 있으니 자원도 아끼고 돈도 절약된다.

새 옷 구매

중고 옷을 도무지 찾을 수 없다면 지속 가능한 새 옷을 구매하도록 하자. 사회문제와 환경문제를 고민하는 디자이너들도 주변에 아주 많다.

나는 선물을 크게 세 가지로 구분한다. 소모품, 경험을 선사하는
선물, 물건이다. 선물을 받는 사람에게 꼭 필요한 물건, 그 사람
이 정말 가지고 싶어 했던 물건을 선물하는 것은 전혀 문제가 되
지 않는다.

문제는 선물 가게를 한 시간 넘게 돌아다니다가 그냥 막연히
그 사람과 어울릴 것 같다는 이유로 불필요한 장식품을 집어 드
는 것이다. 이는 최악의 방법이다. 누군가를 위한 선물을 고른다
면, 한 번 또는 여러 번 잘 쓰이다가 사라지는 소모품이나 경험
을 선물해보는 건 어떨까?

소모품

어릴 적에 부모님께 받은 선물 상자를 두근거리는 마음으로 열
었던 기억이 난다. 그리고 온갖 선물을 버리거나 치우는 것을 무
척 귀찮아했던 기억도 난다. 내 방은 항상 물건들로 가득 차 있
었다. 명절이나 기념일이 지나면 새로운 물건을 들여놓기 위해

방을 정리해야만 했다. 소모품에는 보통 먹거리나 로션처럼 사용해서 없앨 수 있는 물건들이 포함된다. 가령 초콜릿은 장기간 보관해야 할 만큼 오래 가지 않았다.

경험을 선물하기

'경험 선물' 하면 아마 값비싼 것들이 떠오를 것이다. 적어도 나는 그렇다. 하지만 경험 선물이 굳이 비쌀 필요는 없다. 함께 카페에 가서 커피를 마시고 케이크를 자른다거나, 영화관이나 볼링장을 갈 수도 있다. 조금 더 욕심을 부려 같이 공연을 관람하거나 고급 스파 이용권, 온라인 클래스 강의 수강권, 헬스장 이용권 등을 고려해보는 것도 좋다.

친구에게 경험 선물을 할 때는 미리 알려주는 것이 중요하다. 그렇지 않으면 선물을 받은 사람이 급하게 계획을 세워야 하고, 자칫 선물이 허무하게 사라질 수도 있다. 마땅한 선물이 떠오르지 않으면 쿠폰이나 티켓 등을 주는 것도 좋은 방법이다.

선물 받기

나는 늘 모두에게 받고 싶은 선물 목록을 미리 작성하라고 말한다. 목록을 만들어두면 선물의 내용과 범위를 어느 정도 정하기 쉽다. 평소 가지고 싶었던 것, 삶에 가치를 더해주는 물건들로 목록을 만들어보자. 지난해 내가 생일 선물로 받고 싶었던 것은 식기 건조대, 외장 하드, 나파 밸리 와인 농장에서 열리는 추수 감사 파티 입장권이었다. 두 가지는 내게 정말 필요한 것이고 다른 하나는 멋진 경험을 할 수 있는 선물이었다.

선물 목록을 만들 때는 평소 하고 싶었던 경험, 소모되는 물건, 정말 필요한 것 위주로 만들어보자. 그리고 이 목록을 사람들에게 미리 보내자. 우리 가족은 이미 7월에 크리스마스 선물 목록을 주고받는다.

선물 목록을 작성하는 과정 하나하나가 전부 의미 있다. 이 목록을 통해 왜 그 선물을 원하는지, 그 선물이 내 삶에 어떤 가치를 더할지 설명할 수 있다. 공정 무역에 관해, 국내 제조 물건에 관해, 보증 기간과 플라스틱, 쓰레기 문제 등에 관해 이야기할 기회를 얻을 수도 있다.

나는 식기 건조대 옆에 "모든 부분이 스테인리스로 되어 있고 5년간 제품 보증이 되는 건조대"라는 말을 써 붙여놓았다. 이렇게 설명을 덧붙여 목록을 작성하다 보면 삶의 패턴이 명확해진다. 제품 보증에 관한 내용이든, 수제품이든, 제품 수명이든 간에 내가 작성한 글을 통해 우리 가족이 내가 원하는 삶의 방식을 더 잘 이해할 수 있게 된다. 또한 가족들이 선물 후보를 소거하는 데도 도움이 된다.

아직 가족들에게 이제부터 제로 웨이스터로 살겠다고 말하지 않았다면 반드시 알려야 한다. 가족에게 자신의 가치관을 명확

히 밝히지 않는다면 원치 않는 선물을 받아도 언짢은 내색을 할
수 없다. 상대가 원하지 않는 선물을 주고 싶어 하는 사람은 아
무도 없다. 그러니 자신에게 중요한 것이 무엇인지 알려야 한다.
그 사실은 선물을 개봉하는 순간이 아니라 상대가 선물을 고르
기 전에 알려야 한다.

　가족에게 자신의 가치관을 전하더라도 그들이 항상 내 방식
에 따르는 것은 아니다. 때론 자신이 주고 싶은 선물만 고집하는
이들도 있다. 그렇다 할지라도 고마운 마음으로 선물을 받고 다
정하게 대해주자. 자기 삶의 방식과 맞지 않다는 이유로 그 자리
에서 선물을 거절하는 사람도 봤다. 나는 그런 대처는 적절하다
고 생각하지 않는다. 나라면 그러지 않을 것이다. 선물을 받고
진심으로 고마움을 표현한 뒤, 한참 시간이 흐른 뒤에 솔직하고
정중하게 마음을 터놓는 것이 좋다.

　선물을 주는 이들에게 과한 포장을 삼가달라고 미리 부탁하
면 좋지만, 선물을 개봉할 때 그런 말을 하면 절대 안 된다. 순식
간에 분위기를 망치고 누군가는 상처를 받을 것이다. 선물을 주
는 사람은 좋은 것을 주기 위해 고민하고 또 노력한다. 그들이
결코 여러분의 하루를 망칠 일은 없다.

　선물은 당연히 받는 행위가 전제되어 있지만 그렇다고 해서
그 선물을 계속 보관해야 하는 것은 아니다. 선물을 받은 후, 그
선물을 어떻게 사용할지는 전적으로 받은 사람의 몫이다. 받은

선물을 기부할 수도 있고, 팔 수도 있으며, 사용할 수도 있다. 좋아하지 않는 선물에 감상적으로 얽매일 필요는 없다. 이 부분에 관해선 #64를 다시 참고하자.

여러분의 할머니도 선물 포장지를 버리지 않고 곱게 펴서 보관하고 계시는가? 온갖 봉투나 사은품으로 받은 휴지 등을 버리지 않고 잘 간직하시는가? 정말 훌륭한 태도다. 할머니들의 모습을 본받아야 한다.

재사용할 포장지가 없다면 다음에 소개하는 아이디어를 참고하자.

선물 포장

- **쇼핑백** : 쇼핑백을 잘 모아뒀다가 활용하자. 쇼핑백에 회사명이나 로고가 있다면 그 부분을 축하 카드로 가리면 된다.

- **갈색 종이** : 우리 사무실 사람들이 온라인 쇼핑을 하는 모습을 보면 재활용 쓰레기통에 갈색 포장지가 떨어질 일은 결코 없을 것 같다. 그 종이에 그림을 그리거나 접어서 포장지로 활용해보자. 아니면 그대로 포장지로 활용해도 좋다.

- **실크 스카프** : 반드시 진짜 실크일 필요는 없지만, 중고 상점

에 가면 저렴한 실크 스카프가 넘쳐 난다. 실크 스카프로 선물을 포장하면 근사하기도 하고, 그 자체로 좋은 선물이 된다.

- **테이블 천 냅킨** : 천 냅킨은 실크 스카프보다 조금 두껍고 뻣뻣하지만 나는 천 냅킨도 실크 스카프처럼 활용한다. 보자기처럼 내용물을 감싼 뒤 맨 위에 귀여운 리본을 만들어준다. 천 냅킨 역시 중고 상점에서 흔하게 취급하는 품목이다. 색상이 다양하며 장식을 하기에 더없이 좋다.

선물 포장 장식

이 부분에서는 창의력을 마음껏 발휘해야 한다. 나는 포장 디자인을 무척 좋아한다. 다음은 내가 가장 좋아하는 장식 방법이다.

- **노끈** : 나는 영화 〈사운드 오브 뮤직〉에서처럼 갈색 종이나 신문지로 선물을 포장한 뒤 노끈으로 묶는다. 우리 집에는 면실이 몇 년은 사용하고도 남을 정도로 많이 있다. 수제 양초를 만들 때, 요리할 닭을 묶을 때, 방향제를 만들 때, 선물을 포장할 때 등 다양하게 활용한다.
- **브로치** : 나는 예전부터 브로치를 무척 좋아했다. 중고 상점이나 할머니 보석함에서 예쁜 브로치들을 찾아보자. 스카프나 보자기 등으로 선물을 포장할 때 리본에 브로치를 달아주면 화사한 분위기를 더할 수 있다.

- **팔찌** : 팔찌도 보자기 포장을 할 때 훌륭한 장식이 될 수 있다. 매듭 둘레에 팔찌를 두르면 장식이 반짝거린다.

- **말린 오렌지** : 말린 오렌지는 내가 가장 좋아하는 장식이다. 향도 좋고 만들기도 정말 쉽다. 오렌지를 얇게 썰어 마른 행주 사이에 넣은 뒤 식기 건조대에 두고 24시간 정도 말린다. 그 다음 오븐에서 90℃로 2~3시간 굽는다. 이렇게 만든 오렌지는 장식용으로 활용할 수도 있고, 통계피와 함께 끓이면 집 안 곳곳에 좋은 향이 퍼진다.

- **통계피** : 통계피는 모양도 아름답거니와 퇴비화가 가능한 좋은 장식품이다. 통계피 몇 개와 녹색 잎사귀를 함께 묶으면 근사한 선물이 된다.

- **신선한 허브** : 내가 로즈마리를 편애하는 이유는 우리 집 마당에서 죽이지 않고 키울 수 있는 유일한 식물이기 때문이다. 생명력이 질기고 화사해 쉽게 시들지 않고 선물을 한결 싱그럽게 해준다.

- **볼로 타이** : 나는 어린 시절에 꽤 오랜 시간을 텍사스 샌안토니오에서 보냈다. 샌안토니오에는 볼로 타이를 메는 사람들이 많았는데 나 또한 그들 중 한 명이었다. 볼로 타이는 선물에 분위기를 내기 좋은 장식이다.

- **오래된 크리스마스 카드** : 나는 몇 년째 크리스마스 카드를 수집하고 있다. 예쁜 그림이 있는 부분만 오려서 모아두었다가

나중에 선물할 일이 생기면 포장지에 붙여 활용한다.

- **솔잎**: 소나무의 은은한 향은 좋은 분위기를 만들어준다. 소나무 가지 몇 개만 있으면 행복한 크리스마스 분위기를 낼 수 있다. 동네의 크리스마스트리 주위에서 바닥에 떨어진 솔잎을 구해보자. 우리 집에는 크리스마스트리가 없어서 소나무 가지 몇 개를 주워 화병에 꽂아 작은 집에 어울리는 미니 트리를 만들어볼까 생각 중이다.

Part 9

함께하는 제로 웨이스트

———

자신만의 제로 웨이스트 루틴을 찾았다면 이제 세상에 널리 알릴 때다.
함께 제로 웨이스트를 실천할 사람들을 모으고 다른 사람들에게 널리
알리자. 힘을 모아 지역사회, 더 나아가 우리 사회를 연결하자. 함께하면
세상을 바꿀 수 있다.

반려동물과 함께하는 가장 좋은 방법은 입양이다. 우리 집 개도 겨우 한 살이 되었을 때 입양했는데, 우리 가족이 살면서 내린 가장 좋은 결정이었다.

제로 웨이스트와 반려견

개 사료
개 사료를 살 때는 다음 몇 가지 사항을 고려하자.

- 지역에 사료를 만드는 업체가 있는지 찾아보자. 보통 업체에서 사료를 대량으로 저렴하게 팔기도 한다.
- 애견 용품 총판점이 있는지 찾아보자. 총판점은 다양한 종류의 사료나 간식을 구비하고 있으며 대량으로 벌크 제품을 팔기도 한다.
- 재활용 포장지를 사용한 사료를 사자. 나는 주로 오픈팜Open

Farm에서 사료를 구매한다. 테라사이클과 협업 관계를 맺고 지속 가능성을 고민하는 기업이기 때문이다.

직접 사료를 만드는 방법은 권하지 않는다. 나도 처음에는 직접 만들 수 있다고 생각해 이리저리 자료를 많이 찾아보았다. 하지만 개에게 필요한 비타민이나 미네랄은 인간에게 필요한 영양분과 다르다. 한 연구에서 100명의 수의사에게 강아지에게 적합한 식단 계획을 세우도록 지시했는데 그중 7명만이 성공적으로 수행했다.

개 간식

동네에 펫 숍이 있으면 간식을 쉽게 살 수 있다. 물론 간식 정도는 직접 만들어도 괜찮다. 다음은 내가 자주 만드는 강아지용 간식이다.

- 사과 슬라이스
- 당근 슬라이스
- 토르티야칩

나는 가끔 습식 사료를 건식 사료에 섞어 특식을 만들어주기도 한다. 습식 사료는 주로 통조림에 들어 있으므로 통을 잘 씻어 재활용하는 것을 잊지 말자.

개 장난감

반려동물마다 취향과 성향이 달라서 각자에게 잘 맞는 장난감을 찾아야 한다. 우리 집 개 '날라'는 20kg이 넘는 허스키인데 솜인형이나 찍찍 소리가 나는 장난감은 단 3초 만에 망가뜨려서 구매하지 못한다. 반려동물이 인형을 좋아한다면 리넨처럼 퇴비화가 가능한 천으로 된 귀여운 장난감을 구매하자.

나는 오래 가지고 놀 수 있는 장난감을 선호한다. 날라는 사슴 뼈와 히말라야도그츄Himalayan Dog Chews에서 나온 개껌을 좋아한다. 몇 달에 한 번 새 뼈와 껌을 사주는데, 애견 숍에서 포장이 최소화된 제품을 구매한다. 사슴 뼈가 너무 작아지면 몸집이 작은 다른 강아지에게 물려주곤 한다.

개 배변 처리

반려견의 배변은 반드시 잘 치우자. 아직은 반려동물의 배변을 처리하는 마땅한 제로 웨이스트식 해결책이 없다. 마당에 묻어 직접 퇴비로 만들거나 관련 프로그램을 이용해야 한다. 그런 프로그램을 운영하는 곳은 많지 않지만, 거주지 주변에 운영하는 곳이 있는지 확인해보자.

나는 산책을 시키기 전 날라를 우리 집 뒷마당에 데려가 먼저 배변을 보게 한다. 배변을 마치면 삽으로 떠서 퇴비용 통에 넣는데 이렇게만 해도 배변 봉투를 덜 사용하게 된다.

- 생분해되는 봉투는 퇴비화가 가능하다고 인증을 받은 봉투다. 일반 산업 시설에서 처리할 수는 없지만 그래도 이 배변 봉투를 사용함으로써 플라스틱 없는 미래를 만드는 데 도움을 줄 수 있다.
- 휴지 역시 플라스틱을 사용하지 않는 방법이다. 반려견과 산책할 때 휴지에 배변물을 담아 와 집 화장실에 버린다. 개의 크기와 산책 시간에 따라 이 방법이 잘 맞는 사람도 있고 그렇지 않은 사람도 있을 것이다.

제로 웨이스트와 반려묘

고양이 사료
기본 방식은 반려견과 동일하다. 고양이 습식 사료 또한 통조림에 담겨 있는 제품을 선택해 재활용하도록 하자.

고양이 간식
우리 동네 반려동물 상점에서는 고양이 사료를 무게 단위로 덜어서 판다. 다음은 내가 애용하는 수제 고양이 간식이다. 영양도 좋고 먹이기도 쉽다.

- 냉동 블루베리
- 냉동 바나나 슬라이스
- 삶은 당근 슬라이스
- 작게 썬 브로콜리
- 오이 슬라이스

통조림에 든 습식 사료나 간식을 작은 수저로 먹여줘도 된다. 다 먹인 후에는 통을 잘 씻어 분리배출하자.

고양이 장난감

다음은 직접 만들 수 있는 고양이 장난감이다.

- 막대에 끈을 묶고 끝에 깃털을 단 장난감
- 낡은 양말에 캣닢을 넣고 묶거나 꿰맨 것
- 2:4 비율의 직사각형 골판지(상자)와 밧줄로 만든 스크래치 <u>포스트</u>
- 구멍을 몇 개 뚫은 골판지 상자

고양이 배변 처리

고양이 배변 처리는 꽤 까다로운 편이다. 우선 미생물에 의해 분해되는 친환경 고양이용 모래를 고르자. 개중에는 호두, 삼나무, 재활용 신문, 밀 등으로 만든 대안 모래도 있다.*

고양이 배설물을 변기에 내려도 될까?

이 문제에 관해서는 많은 논쟁이 있다.

- 변기에 내리면 안 된다! : 고양이 배설물에 있는 톡소플라즈마 기생충은 해양 동물을 감염시키고 죽일 수 있다. 톡소플라즈마는 일반적인 하수처리 과정으로는 제거할 수 없다.
- 변기에 내려도 괜찮다! : 고양이의 변에 있는 톡소플라즈마는 톡소플라즈마 원충이라고 불리는 원충류에 감염된 후 몇 주 동안만 퍼진다. 이 기생충에 감염되어도 증상이 거의 없어서 고양이가 감염되었는지 여부를 확인하기 어렵다. 고양이가 톡소플라즈마에 감염되는 경우는 톡소플라즈마에 감염된 다른 동물의 고기를 날것으로 먹거나 톡소플라즈마에 감염된 다른 고양이의 배변을 먹었을 때뿐이다. 집에서 기르는 고양이는 조리된 사료나 가공 사료만 먹기 때문에 이 기생충에 감염될 확률이 매우 낮다. 고양이 배설물을 변기에 넣고 물을 내리는 집이라면 고양이가 이 기생충에 감염되었는지 여부를

확인하는 것이 좋다.

어릴 적, 우리 집에 있던 고양이 잭은 혼자 화장실 변기에 가서 배변을 했다. 고양이에게 변기 사용 훈련을 시킨다면 따로 동물용 변기를 사용할 일이 없다. 단, 고양이가 톡소플라즈마에 감염되지 않았는지 확인해보자!

---

* 국내에서는 "고양이 모래를 변기에 내려도 되는가"에 관한 논쟁이 있다. 특히 '변기 배수'가 가능하다는 이유로 두부모래를 사용하는 경우가 많은데, 두부모래가 물에 잘 풀리는지, 다른 불순물이 섞이지는 않았는지, 화장실 배수관이 오래되지는 않았는지 등 확인해야 할 사항이 많으므로 심사숙고하는 것이 좋다.

#92

이사할 때

나는 이사를 자주 다녔다. 아버지는 공군이셨고 나는 전문 배우였다. 둘 다 한곳에 오래 머물지 못하는 직업이다. 아무리 많이 다녀도 즐겁지 않은 것이 이사지만, 하도 많이 다니다 보니 이젠 거의 도가 텄다.

제로 웨이스트를 위해 물건 비우기를 실천하느라 애를 먹었다면 이사를 한번 해보는 건 어떨까? 그동안 사들였던 수많은 물건의 쓸모에 의문이 들 것이다. 최소한의 물건만 가지고 산다면 이사를 할 때 편하고 신속하게 할 수 있다. 나는 이사를 자주 다니기 때문에 그때를 대비해 평소에 정리정돈하는 습관이 몸에 배어 있다.

일단 내 물건들을 주로 수납 상자에 보관하는데, 이 수납 상자는 이사할 때 포장 상자 역할을 한다. 이사를 자주 다니지 않는 사람에게도 이 방법은 유용하다. 포장 상자로 활용할 수 있는 물건은 많다. 가령 커다란 고무통, 서랍, 가방, 정장 보관용 가방, 빨래통 등 모두 이사용 상자 역할을 훌륭하게 수행한다. 접시는 주로 완충재로 사용되는 에어캡 대신 천 냅킨이나 천으로 된 가방으로 포장한다. 컵은 양말로, 도자기 접시는 수건으로 싼다.

그럼에도 상자가 몇 개 더 필요할 수 있는데, 그럴 때는 주변을 탐색한다. 상자를 무료로 나누어주는 사람이 분명 있을 것이다. 이사를 마친 후에는 주변에 필요한 사람에게 다시 나누어주자. 동네 마트나 주류 판매점에서도 상자를 구할 수 있다. 특히 주류 판매점의 상자는 유리 용품을 포장하기에 정말 좋다.

개인적으로 재난 용품 키트가 정말 중요하다고 생각한다. 거창할 필요는 없지만 구급상자와 생수, 통조림 음식, 여벌의 옷, 손전등, 배터리, 라디오, 반려동물 사료, 비상약 등을 한곳에 잘 구비해두면 혹시 모를 재난이 닥쳤을 때 매우 요긴하게 사용할 수 있다.

눈치챘는가? 내 재난용 가방에는 플라스틱 병에 든 생수가 있다. 휴, 이런. 삶의 모든 것이 완벽하게 제로 웨이스트가 아니어도 괜찮다. 우리는 완벽한 순환 경제 속에 살고 있지 않다. 우리는 선형 경제 구조 속 구성원이며, 각자의 자리에서 나와 가족을 위해 최선을 다하면 된다. 쓰레기를 줄인다는 명분으로 나와 가족의 안전과 건강을 위험에 빠트리는 것은 결코 현명하다고 할 수 없다.

예전에는 진정한 제로 웨이스트 실천 방법은 결국 죽는 것밖에 없다는 농담을 자주 했었다. 하지만 장례식을 준비하면서 인간은 죽을 때조차 꽤 많은 쓰레기를 남긴다는 사실을 깨달았다.

지난해 우리 할머니가 돌아가셨다. 할머니는 나의 영웅이었고, 나를 무척 아껴주셨다. 엄마와 나는 장례식을 준비하면서 최대한 친환경적인 방법을 모색했다. 할머니는 장례식을 싫어하셨다. 관 뚜껑을 열고 시신을 안치한 후 많은 사람이 찾아와 시끌벅적한 장례식은 달가워하지 않으실 것 같았다.

기존의 장례식 문화는 전혀 친환경적이지 않다. 부패를 늦추기 위해 시신에 포름알데히드를 주입하고 썩지 않는 관을 땅속에 묻기 위해 시멘트를 부어 안치될 자리를 만들고, 무덤 봉분에는 잔디를 입힌다. 잔디는 푸른색을 유지하기 위해 물을 많이 줘야 하는 식물인데다 그다지 쓸모도 없다. 화장이라고 훨씬 친환경적인 것도 아니다. 일단 화장 과정에서 유독한 물질이 대기에 많이 배출된다. 하지만 우리 가족은 매장보다는 그나마 환경에 해를 덜 끼치는 화장을 하기로 했다. 가장 친환경적인 화장법은 시신을 묻거나 태우지 않고 녹이는 '액화 화장'인데 현재 미국에서 액화 화장이 허용된 주는 여덟 곳뿐이다.

우리 가족은 아칸소에 있는 집에서 할머니를 위한 조촐한 장례식을 열었다. 퇴비화가 가능한 항아리에 할머니의 유골을 담아 어린 버드나무 아래 묻었다. 할머니의 유골이 담긴 항아리는 버드나무에게 양분이 되어 생명력을 줄 것이다. 나중에는 생각보다 다양한 방법이 있다는 사실을 알게 되었다. 이렇게 장례식을 치르는 사람은 많지 않지만, 장례식과 시신을 어떻게 할지에 관해서 반드시 사랑하는 사람들과 이야기를 나누는 것이 가장 중요하다.

소나무 관

방부 처리도, 화려한 관도, 콘크리트 저장실도 필요 없이 그저 소나무 관에 시신을 안치하는 방법이다. 소나무 관에 시신을 안치하고 그대로 땅에 묻으면 그 사람의 몸은 자연으로 돌아간다.

버섯 수의

버섯 수의만 있으면 관도 필요 없다. 이 수의는 버섯과 다른 미생물에 포함된 효소 등의 물질을 유기농 면과 섞어 만들어 완전히 분해된다. 시신에서 나오는 유독한 물질을 중화시켜 지상의

식물에 영양을 공급하는 물질로 만든다.

나무가 자라는 유골함

나무가 자라는 유골함을 만드는 업체들이 몇 군데 있다. 완전히 분해되는 이 유골함에 유골을 나무 씨앗과 함께 넣는다. 씨앗은 천혜의 환경에서 양분을 공급받아 자랄 것이다. 개인적으로 묘지보다 사랑하는 사람을 추억할 나무가 마음에 오래 남는다.

리프 볼

사랑하는 사람의 유골과 콘크리트를 섞어 리프 볼을 만드는 방식이다. 리프 볼은 바닷속 물고기와 다른 미생물들의 서식지가 된다. 이 리프 볼은 pH 중성 콘크리트를 사용한다. 리프 볼은 반구 형태로 구멍이 뚫려 있고 표면에 결이 많아 온갖 수중 생물의 서식지가 되어준다. 시간이 흐르면서 다양한 수중 생물이 서식하게 되어 평생 바다 생명체들의 안식처로 남을 것이다.

다이아몬드

고인의 유골로 귀한 보석을 만들어주는 업체들이 있다. 유골에서 탄소를 추출해 엄청나게 높은 열을 가하면 흑연이 된다. 이 흑연에 다시 엄청나게 높은 열과 압력을 가하면 다이아몬드가 된다.

제로 웨이스트를 위해 아무리 열심히 노력하고 목적의식을 가져도 함께 지내는 사람이 뜻을 모으지 않으면 제대로 실천하기 어렵다. 그래도 단념하지 말고 꿋꿋하게 그 길을 가길 바란다.

어느 날 배우자가 집에 와서 이렇게 말한다면 얼마나 뜬금없을까? "여보, 난 이제 쓰레기를 만들지 않기로 결심했어." 느닷없는 선언에 어리둥절할 것이다. 이 사람에게 갑자기 무슨 일이 생긴 건가, 뭘 잘못 먹은 건 아닌가 하는 생각이 들 것이다.

어떤 기분인지 안다. 무슨 일이든 적응하려면 다소 시간이 걸린다. 갑자기 어느 한순간 제로 웨이스트를 결심하는 사람은 많지 않다. 막연히 그 문제에 관해 생각해왔거나 관련 기사나 책을 읽고 이런 삶이 건강에도 도움이 되고 돈도 아낄 수 있다는 사실을 알게 되었을지 모른다. 포장되지 않은 친환경 물건을 보고 제로 웨이스트를 결심했을 수도 있다.

함께 지내는 사람에게 제로 웨이스트를 이해시키거나 삶의 방식을 바꾸는 데 가장 중요한 것은 시간과 인내와 존중 그리고 친절함이다. 여러분은 좋은 본보기가 되어야 한다. 제로 웨이스터의 삶을 선택한 사람은 다른 누구도 아닌 여러분 자신이기 때문이다. 결정을 내리면 집중하고 꾸준히 실천해야 한다. 자신의 결정을 통제하고 관리할 수 있는 사람은 오직 자신뿐이다.

여러분이 솔선수범하면 주위 사람들도 조금씩 변화하는 모습을 보게 될 것이다. 억지로 강요하지 말자. 그저 자연스럽게 자신의 일을 하자. 사람들은 여러분을 지켜보며 천천히 스며들 것이다.

친구나 가족, 직장 동료가 제로 웨이스트에 부정적인 생각을 갖고 있다면 좌절감이 들 수 있다. 하지만 나는 별로 아랑곳하지 않는다. 나의 대처 방법은 제로 웨이스트의 이기적인 측면을 강조하는 것이다. "내가 이런 삶을 사는 이유는 '내' 기분이 더 좋아지기 때문이야. '내'가 더 건강한 음식을 먹고, '내'가 돈을 더 아끼게 되기 때문이야." 이런 식으로 말이다.

제로 웨이스트에 날 선 비판을 하는 사람은 그저 그날 기분이 안 좋았거나 또는 자신이 평가받는다는 기분이 들어서일지도 모른다. 아무리 우리가 상대를 평가하지 않았다 해도, 상대는 자신이 좋은 일을 하고 있지 않다는 죄책감을 느낄 수 있다. 그들은 환경을 위해 제로 웨이스트를 실천한다고 말할 때보다 나 자신을 위해 제로 웨이스트를 실천한다는 이기적인 관점을 앞세울 때 더 쉽게 수긍한다.

그다음부터는 자신의 가치관에 따라 살면 된다. 놀라울 정도로 많은 사람이 다가와 에코백은 어디서 샀는지, 상점이나 파머스 마켓에서 사용하는 유리병은 어디서 났는지 물어볼 것이다. 이 소소한 대화를 통해 플라스틱이 야기하는 환경 오염에 관해 굳이 날카로운 논쟁을 벌이지 않고도 친환경적인 삶을 이야기할 수 있다. 혹시 알까? 그들도 제로 웨이스트에 동참할지.

#96 커뮤니티 활동

주변 사람들이 나의 제로 웨이스트 생활을 지지하든 말든, 뜻을 같이하는 다른 사람들과 함께한다면 훨씬 도움이 된다. 제로 웨이스트 커뮤니티에 속한 사람들은 서로를 적극적으로 지지하고 응원한다. 그 사람들에게 영감을 받거나 내 아이디어를 공유할 수 있으며, 이 여정을 함께할 새로운 친구들을 만날 수도 있다. 새로 발견한 친환경 상점을 이야기하며 함께 기뻐하고, "빨대는 주지 마세요"라고 분명히 말했는데도 음료에 빨대를 꽂아준 카페 이야기를 하며 함께 안타까워할 수도 있다.

소셜 미디어도 마음이 맞는 사람들과 유대감을 쌓기 좋은 만남의 장이다. 인스타그램을 한다면 #제로웨이스트, #제로웨이스트라이프 등의 해시태그를 달자. 페이스북 이용자라면 제로 웨이스트 모임을 찾아보자. 검색창에 제로 웨이스트 관련 키워드를 검색하면 다양한 모임과 지자체에서 운영하고 관리하는 단체도 찾을 수 있다. 특히 지자체에서 운영하는 단체에 가입하면 거주지와 가까운 곳에서 활동할 수 있어 훨씬 도움이 된다.

다 같이 쓰레기를 줍고, 지역사회에 '제로 웨이스트'라는 단어를 널리 퍼트리고, 포장재를 사용하지 않는 상점이나 물건 정보를 공유할 수도 있다.

제로 웨이스트 모임

온라인 사이트 밋업(www.meetup.com)을 통해 가까운 곳에서 함께할 동료들을 찾아보자. 이 사이트에는 정말 온갖 종류의 모임이 있다. 나는 이 사이트를 가볍게 훑어보기만 했는데도 제로 웨이스트의 잠재력이 보이는 모임을 아주 많이 찾을 수 있었다. 쓰레기 치우는 사람들, 채집하는 사람들, 넷-제로 에너지 모임, 기후 선거(환경문제에 적극적인 정당이나 정치인에게 투표하는 행위), 친환경 리더 모임, 정원 가꾸기 모임, 공동체 만들기 외에도 제로 웨이스트와 직접적인 연관은 없지만 충분히 제로 웨이스트를 받아들이고 서로 도움을 주고받으며 뜻을 함께할 수 있는 모임이 많다.

　제로 웨이스트 모임을 찾을 수 없다면 비슷한 성향의 모임도 괜찮다. 그곳에서 친분을 쌓고 조직의 임원들과 이야기할 기회가 생겼을 때 그들에게 넌지시 제로 웨이스트 아이디어를 공유할 수 있다. 함께 제로 웨이스트 상점을 가거나 친환경 수제 용품 만들기 수업을 듣거나 플로깅(조깅을 하면서 길가에 있는 쓰레기를 줍는 활동)을 하거나 빨대와 비닐봉지 사용 금지 청원을 넣는 등 함께할 수 있는 일들이 무수히 많다. 제로 웨이스트 프로젝트가 힘을 얻는다면 나중에는 직접 운영자가 되어 오직 제로 웨이스트 활동에만 집중할 수도 있다.

더 많은 사람들과 함께하기

모임이 생기고 어느 정도 해야 할 일들이 정해지면 이제 이 모임을 널리 알려보자. 제로 웨이스트에 동참하고 싶은 사람들이 이 모임을 쉽게 찾을 수 있어야 한다. SNS에 게시물을 올리거나 친구들을 초대하는 등 모임 구성원들에게 주변에 적극적으로 홍보하기를 권장하자. 공공 이벤트를 많이 할수록 대중의 눈에 띌 확률도 높아진다. 캠페인이나 강연 등의 행사를 주최한다면 지역 신문이나 언론에 보도자료를 보내 소식을 알리자. 단체 활동을 더 많이 할수록 제로 웨이스트에 관심을 가지는 사람들도 더 많아진다.

지역 기업이나 상인들과 함께하기

지역 기업과 상인들과의 연대도 잊지 말자. 전단지 배포는 제로 웨이스트의 가치관과 다소 어긋나긴 하지만 소량의 전단지나 포스터를 만들어 곳곳에 붙이는 것은 해볼 만하다. 시대가 바뀌어도 이런 아날로그 방식이 메시지를 전달하는 데 강력한 힘을 발휘할 때가 있다.

#97   지역 활동

지역 모임을 찾았다면 그 모임을 풀뿌리 조직으로 키워나가는 데 집중하자. 대다수 사람들이 대의나 상위 목표에만 몰두하느라 가까운 이웃은 간과한다. "세계적으로 생각하고 지역적으로 행동하라Think globally, act locally"라는 말이 있다. 실질적인 변화를 만드는 방법은 지역 공동체와 함께하는 것이다. 지역 내에서 함께할 수 있는 일들이 정말 많다. 그리고 이 모든 일은 교육과 자각에서 비롯된다. 제로 웨이스트가 무엇인지 이해했다면 이제는 그 지혜를 나눌 타이밍이다. 그 일은 그럴듯하고 번지르르한 명분이 아닌 실질적인 필요에 의해 이루어져야 한다. 다음은 지역 공동체와 함께할 수 있는 제로 웨이스트 활동이다.

쓰레기 줍기 캠페인

친구들과 작은 소모임을 꾸릴 것인지 아니면 규모가 큰 지역 행사를 주최할 것인지에 따라 준비 방식이 달라진다. 작은 모임이라면 격식을 차리지 않아도 되므로 그저 친구들에게 전화를 걸어 장갑과 쓰레기봉투를 준비하면 된다.

큰 규모의 행사를 개최한다면 세부적인 사항들을 꼼꼼히 계획해야 한다. 먼저 청소할 구역과 행사 날짜와 소요 시간을 정한다. 일기예보를 참고해 날씨를 확인하고 비가 오거나 궂은 날씨에도 행사를 진행할 것인지도 결정해야 한다. 그다음에는 소식지를 만들어 온라인과 카페, 커뮤니티 사이트 등에 게시한다.

그러고 난 후에는 쓰레기봉투, 바구니, 집게, 장갑 등 청소 용품을 마련하고 주운 쓰레기를 어떻게 처리할지도 정해야 한다. 수거한 쓰레기는 누가 책임질 것인가? 지역 환경 미화 담당 기관이나 쓰레기 처리 업체에 연락해 수거한 쓰레기를 처리할 수 있는지 물어보자. 간혹 담당 기관에서 행사에 필요한 물품을 제공해주기도 한다.

행사가 열리는 당일에는 혹시 모를 사고에 대비해 다른 불상사가 생기지 않도록 자원봉사자들과 충분히 이야기를 나누자. 참가자들에게 새로운 행사나 캠페인, 워크숍 등의 홍보 수신 동의서 등을 만들어 서명을 받는 것도 좋다.

워크숍

이 책에서 소개한 DIY 제조법을 잘 숙지했는가? 그럼 이제 그 지식을 친구나 가족, 지역 공동체와 나눠보자. 주민센터나 도서관 등에 강의실을 대여해 새로운 제로 웨이스트 실천 방안을 알려주는 자리를 마련해보자.

참가자들에게 소정의 참가비를 받아 워크숍에 필요한 물품을 구입해도 좋다. 생활용품을 직접 만들고 사용하는 것만으로도 성취감을 가지고 삶을 주도한다고 느끼게 된다. 한번 경험하면 이후에 일상적으로 새로운 방법을 찾고 쓰레기를 줄이는 삶을 영위해나갈 가능성이 커진다. 워크숍을 계획하고 있다면 이 책의 사례들을 적극 참고하자!

- 로션바(→#38)
- 데오드란트(→#39)
- 다목적 세제(→#49)
- 립밤(→#41)

레벨 업!
- 헌옷 리폼하는 법
- 낡은 천으로 천 가방 만드는 법
- 밀랍 랩 만드는 법(→#16)

요리법을 주제로 한다면
- 밀가루와 물로만 빵 만드는 법
- 우리 지역에서 재배한 과일로 잼 만드는 법

- 콤부차 만드는 법
- 채소 뿌리나 줄기를 활용해 음식 만드는 법 (→ #26)

텃밭 가꾸기를 주제로 한다면
- 집에서 퇴비 만드는 법
- 자투리 채소 다시 기르는 법

> *tip* 상추, 셀러리, 대파 등은 자투리를 이용해 초보자도 쉽게 재배할 수 있다. 뿌리 부분을 컵에 담아 물을 붓고 주방 선반 같은 곳에 올려둔다. 이틀에 한 번 정도 물을 갈아주면 뿌리에서 작은 잔뿌리가 나오기 시작한다. 새 뿌리가 나오면 식물을 흙이 담긴 화분에 옮겨 심고 햇빛이 잘 드는 창가에 두자. 앞서 언급한 식물들은 쑥쑥 잘 자라는 편이어서 필요할 때마다 그때그때 잘라서 먹을 수 있다.

도서관이나 학교에서 강의하기

워크숍이 나의 성향과 잘 맞지 않다면 지역 도서관이나 학교에서 30~60분 정도 제로 웨이스트 강의를 해보는 건 어떨까? 강연이 부담스럽게 느껴질 수도 있지만 몇 가지 간단한 개요를 숙지한다면 준비하기 어렵지 않다.

1. 강연자 소개 시간 (5~10분)

a. 본인 소개

b. 거주 지역

c. 쓰레기를 줄여야 한다고 결심한 계기

d. 쓰레기를 줄이는 일이 본인에게 왜 중요한지 소개

2. 제로 웨이스트의 삶이란? (10~15분)

a. 제로 웨이스트의 정의

b. 제로 웨이스트가 모두에게 중요한 이유

c. 이 운동의 목표와 오늘 모인 사람들이 얻게 될 정보

- 쓰레기를 줄이는 다섯 가지 방법
- 지역 재활용 시스템과 퇴비 처리 프로그램 소개
- 제로 웨이스트 상점 소개
- 제로 웨이스트의 삶에 관한 이야기

3. 더 이야기하고 싶은 주제가 있다면 해도 좋다. 이 책에 나오는 내용들을 포함해 포괄적인 이야기를 할 수도 있고 몇 가지 특정 분야에 집중해 이야기할 수도 있다. (15~30분)

4. 구체적인 실천 방법을 이야기하며 마무리하자. 실생활에서 가장 먼저 실천해야 하는 것은 무엇인가? (5~10분)

5. 궁금한 점이 있으면 연락할 수 있도록 강연자의 연락처를 알려주자. 가능하다면 청중들의 연락처를 받는 것도 잊지 말자! 상호간 소통 창구를 열어두면 지역 캠페인이나 워크숍에서 함께할 기회가 생긴다.

동네 식당과 카페에 제로 웨이스트 알리기

동네 식당과 카페에 플라스틱 빨대 사용 줄이기 운동을 적극적으로 알리자.* 업체에서는 비용을 절약할 수 있고 제로 웨이스트 측면에서는 쓰레기 매립지로 가는 플라스틱 쓰레기를 줄일 수 있으니 일거양득이다.

단, 모든 빨대 사용을 전면 금지하는 것이 아니라 고객이 요구하지 않는 한 빨대를 제공하지 않는 것이 주요 골자다. 대체로 "빨대 필요하세요?"라고 묻지 않는 한, 손님이 먼저 빨대를 달라고 요청하는 경우는 드물다. 하지만 빨대가 필요한 손님에게는 주저하지 말고 제공하자.

다음은 식당 주인에게 보내는 이메일 예시다.

안녕하세요. 저는 캐서린입니다.
귀사의 사업이 날로 번창하길 기원합니다.

다이너 타운은 제가 무척 좋아하는 식당입니다. 점심을 먹으러 자주 가지요. 특히 피칸 파이를 정말 좋아해요. 그런데 지난번 식당에 갔을 때 모든 음료에 빨대가 제공되는 것을 보았습니다.

빨대는 한 번 사용하고 버려지는 플라스틱으로, 최근 언론에서도 빨대 사용 문제에 관해 많이 다루고 있습니다. 매년 바다에 버려지는 플라스틱 쓰레기가 약 800만 톤이고, 그중 대부분은 빨대와 같은 일회용 플라스틱이라고 합니다. 이 플라스틱 쓰레기 때문에 연간 10만 마리 이상의 바다 동물들이 죽습니다.

작은 빨대 하나는 별것 아닌 것 같지만 그 파급력은 정말 큽니다. 미국에서만 하루에 버려지는 플라스틱 빨대가 약 5억 개입니다. 빨대 사용을 줄이는 것은 플라스틱 쓰레기를 줄이는 아주 간단한 방법이 될 수 있습니다. 프랑스에서 버리는 플라스틱 컵과 빨대, 일회용 식기의 양이 미국 시애틀 도시 크기와 맞먹는다고 합니다. 요즘은 글로벌 기업인 맥도널드조차 문제의 심각성을 느껴 대안을 찾고 있다고 합니다.

저는 귀사에 손님이 요청할 때만 빨대를 제공하는 방식을 고려해 주시기를 정중히 요청드리고 싶습니다. 빨대를 주문대에 내놓거나 모든 음료에 제공하는 방식을 없애고 손님이 특별히 요구할 때만 빨대를 제공하는 것은 어떨까요?

이렇게 한다면 다이너 타운의 빨대 사용량은 크게 줄어들고, 귀사는 물론 지구 환경에도 긍정적 영향을 미칠 것입니다. 부디 저의 제안을 심사숙고해주시길 부탁드립니다. 감사합니다.

캐서린 드림

BYOC(Bring Your Own Cups)를 알리고 장려하기

빨대 다음으로는 일회용 컵이다. 카페에서 사용하는 일회용 제품도 모두 카페 주인이 비용을 들여 구매하는 물건이다. 카페에 직접 찾아가거나 이메일 또는 손편지를 써서 개인 컵을 가지고 오는 손님에게 몇백 원이라도 할인해줄 수 있는지 문의해보자.

카페 SNS 계정을 통해 새로운 소식을 알리거나 포스터를 만들어 붙여둔다면 카페를 방문하는 모든 손님에게 돈을 절약할 방법을 널리 알릴 수 있다.

제로 웨이스트 쇼핑 나들이

동네에 제로 웨이스트 상점이나 리필 상점이 있다면 사람들을 데려가 새로운 경험을 할 수 있도록 도와주자. 가까운 곳에 없다면 일반 마트에서 쉽게 찾을 수 있는 친환경 기업의 제품들을 알려주는 방법도 있다.

---

* 국내에는 이미 대다수의 프랜차이즈 카페에서 개인 컵을 사용하면 할인해주는 제도를 운영하고 있다. 개인 카페로 그 영역을 넓혀가는 것을 목표로 해보자.

#98 지방자치단체와의 협업

많은 이들이 내게 이렇게 묻는다.

"제로 웨이스트를 실천하면서 가장 어려운 점은 무엇입니까?"

이 질문을 들을 때마다 선뜻 적절한 대답이 생각나지 않았다. 제로 웨이스트를 실천하는 것은 그저 평소 생활 습관에 아주 약간의 변화만 주면 되는 일이기 때문이다. 한번 습관을 형성하면 전혀 어렵지 않다. 제로 웨이스트로 산다고 해서 시간이나 돈이 더 드는 것도 아니고 그저 삶의 방식이 바뀌는 것뿐이다.

단순한 변화가 익숙해졌다면 좀 더 적극적인 행동을 취할 때다. #96에서 언급했던 것처럼 지역 공동체와 함께 조직을 꾸려 활동하거나 지자체와 함께 제로 웨이스트 캠페인을 해보자.

제로 웨이스트와 순환 경제를 향한 여정에 모두가 동참해야 한다. 개인, 집단, 기업, 정치인 모두 힘을 합쳐 지속적인 변화를 만들어야 한다. 그 시작점은 바로 여러분이다.

개인 행동

집단 행동

기업

정책

시민이 적극적으로 행동해야 기업과 정치가 반응한다. 시민이 힘을 합쳐 집단으로 행동할 때 기업에 압력이 가해지고, 시민과 기업이 힘을 합쳐야 정책이 바뀔 수 있다. 정책이 변하면 기업에, 기업이 변하면 다시 개인에게 그 영향력이 돌아온다.

비닐봉지 사용 금지는 아주 좋은 사례다. 지역 시민들이 모여 비닐봉지 금지법을 통과시키기로 했다. 시민들이 힘을 합쳐 지역 상점에 비닐봉지 사용을 금지해달라는 압력을 넣었다. 체인점이 아닌 개인 상점들은 자발적으로 비닐봉지 금지 운동에 동참했다. 변화를 촉구하는 지역 상점과 시민들의 목소리는 거셌고, 시의회는 마침내 비닐봉지 금지법을 통과시켰다. 법안이 통과되자 '모든' 상점이 비닐봉지를 사용하지 못하게 되었고, 상점에서 비닐봉지를 제공하지 않자 손님들은 각자 장바구니를 가지고 다니기 시작했다.*

이웃 주민들과 플로깅을 계획하고 있다면 시에서 필요한 물품을 공급하거나 더 많은 사람이 참여할 수 있도록 행사를 홍보해줄 수도 있다. 비닐봉지나 빨대의 사용 금지 법안을 통과시키고 싶다면 지역 기관에서 관련 규칙 제정을 도와주거나 아이디어를 실행하는 데 필요한 실질적인 지원을 제공할 수도 있다.

* 국내에서는 2019년 1월 1일부터 '자원의 절약과 재활용 촉진에 관한 법률 시행규칙' 개정안에 따라 대형 마트와 165㎡ 이상의 슈퍼마켓에서 비닐봉지 사용이 금지되었다.

제로 웨이스트에 동참하는 과정에서 빠지기 쉬운 큰 함정은 기존의 생활 방식을 그대로 유지하는 것이다. 예전 방식대로 소비한다면 제로 웨이스트가 아니다. 제로 웨이스트를 결심했을 당시, 나는 팝 타르트를 아주 많이 먹었다. 팝 타르트는 내가 가장 좋아하는 불량 식품이었다. 일주일에 팝 타르트를 한두 상자는 기본으로 비웠으니 말 다했다.

처음 제로 웨이스트를 시작할 때만 해도 직접 팝 타르트를 만들어 먹으며 내 생활 방식을 지킬 수 있을 줄 알았다. 매주 일요일이면 8~12개 정도의 페이스트리를 구웠다. 한 번 페이스트리를 굽는 데 최소한 2~4시간이 걸렸다. 나는 제로 웨이스터로서 쉽고 간단한 해결책을 찾지 않고, 기존의 생활 방식을 똑같이 유지하는 데만 골몰했다. 제로 웨이스트 이전의 생활에 집착할수록 더욱 시간이 많이 걸린다. 예전에 쓰던 제품을 똑같이 만들거나 복제하려고 애쓰지 말고 삶을 단순하게 만들 새로운 방식을 찾아야 한다.

제로 웨이스트를 처음 시작하는 사람은 자주 쓰던 물건을 똑같이 만들려고 온갖 노력을 기울이다 보니 대체로 비슷한 과정을 거친다. 처음에는 이렇게 생각한다. '와, 내가 이걸 만들 수 있다고?' 이 말을 다시 번역하자면 '뭐, 만드는 게 재미는 있네. 하지만 다시는 만들지 않을래'이다. 그리고 이 생각은 '분명 더 나은 방법이 있을 거야!'로 결론이 나버린다.

평소 사서 쓰던 제품을 직접 만드는 과정은 꽤 재미있다. 만들기 쉽고 비용도 많이 들지 않는 편이다. 하지만 이것저것 만들기 시작하면 상당한 시간이 소모된다. 한두 가지 정도를 만들어 쓰기는 쉽지만 빵, 마요네즈, 두유, 치즈, 쿠키, 머핀 등을 매주 만들기 시작하면 다른 일을 할 시간이 거의 없어진다.

저마다 자신에게 맞는 삶의 균형을 찾아야 한다. 나는 이것을 '개인의 지속 가능성'이라고 부른다. 이것은 매우 중요한 문제이며 사람마다 할 수 있는 범위와 내용이 다르다. 자신의 일정, 의지력, 게으름 정도를 가장 잘 아는 사람은 결국 자신뿐이다.

나는 토르티야 만드는 걸 정말 싫어한다. 토르티야 반죽을 밀대로 미는 과정은 생각만 해도 몸서리쳐진다. 울퉁불퉁한 표면, 고르지 못한 가장자리, 밀대로 반죽을 미는 시간 등을 생각하면 견딜 수 없다. 나의 토르티야에 대한 지속 가능성은 제로다.

혹시 나처럼 정말 하기 싫은 일이 있다면 다른 방법을 찾아야 한다. 우리는 얼마나 놀라운 세계에 살고 있는가. 다른 방법은 언제나 존재한다. 나는 집 근처 파머스 마켓에서 토르티야 25개를 2달러에 파는 상인을 만났다. 더불어 내가 가져간 장바구니에 담아 온다면 나의 개인 지속 가능성은 올라간다.

지속 가능성을 높이기 위해 나는 냉동식품은 늘 두 배로 준비한다. 구운 음식은 면 주머니에 넣어 얼리고 삶은 콩이나 수프, 육수 등은 유리 단지에 얼린다.

또 한 가지의 팁을 보태자면 집안일에 들이는 시간을 최소화하자. 주방에서 온종일 시간을 보내고 싶지 않다면 말이다. 특별한 명절이나 파티를 준비할 때가 아니면 청소를 포함해 내가 집안일에 소요하는 시간은 하루 한 시간 정도다. 사람은 결국 자신이 좋아하는 일을 하기 마련이다. 싫어하는 일은 절대로 지속할 수 없다. 반드시 좋아하는 일이어야 한다.

우리 집 냉동실에 있는 식량

- 빵
- 채소 스틱
- 채수(채소를 끓여 우린 물)
- 수프
- 스무디
- 팬케이크
- 와플

- 베이글
- 살사 소스
- 마리나라 소스
- 에너지 바
- 익힌 콩
- 채식 버거
- 고기를 넣지 않은 미트볼

Part 10

빅 피처

우리가 해냈다!

#100

그냥 하자

정보가 너무 많으면 분석적 사고가 마비되기도 한다. 어디서부
터 시작해야 할지 확신이 들지 않고 우물쭈물하다가 결국 시작
조차 하지 못한다. 너무 많은 정보가 벅차게 느껴진다면 이 책
처음에 나오는 다섯 가지 워밍업부터 시작해보자. 아마 어렵지
않게 실천할 수 있을 것이다. 다섯 가지 기본 방식이 익숙해지면
새로운 방법을 하나씩 시도해보면서 천천히 그 영역을 넓혀가
면 된다.

제로 웨이스트를 시작한다면 최선을 다해 열심히 하길 바란
다. 열성을 다하다 보면 어느 순간 고비를 맞닥뜨리게 된다. 제
로 웨이스트를 시작한 지 얼마 되지 않았을 때, 장바구니를 집에
두고 나온 적이 있다. 선택은 두 가지였다. 내 가치관과 적당히
타협하고 그냥 비닐봉지를 사용해 미래에도 비닐봉지를 사용할
빌미를 주는 방법과 집에 돌아가서 장바구니를 가져오는 방법
이었다. 나는 일부러 힘든 방법을 택했다. 성장하기 위해 고통도
필요하다고 생각했기 때문이다. 번거로운 일이지만 좋은 습관

을 들이기 위한 번거로움이다. 이런 번거로움 덕분에 나는 두 번다시 장바구니를 잊지 않았다. 장을 보러 갈 때면 늘 장바구니를확인하는 습관을 갖게 되었다. 짧은 순간의 고통이 평생의 귀한교훈을 가르쳐주었다.

완벽하지 않아도 괜찮다
더 나은 선택을 하자

제로 웨이스트라는 말은 꽤나 겁을 준다. '제로'라는 말부터가 제한적이고 엄격하게 들린다. 일 년 동안 버린 '모든' 쓰레기가 작은 유리 단지 하나에 다 들어가는 사람들을 보는 것은 별로 도움이 되지 않는다. 이 유리 단지는 경각심을 일깨우고 대화를 시작하기 위한 장치다. 일 년 치 쓰레기를 작은 유리 단지 하나 용량으로 만드는 것이 최종 목표가 아니다.

이는 더 큰 그림의 한 부분일 뿐이다. 개인이 버리는 쓰레기는 쓰레기 문제의 근본적인 원인을 파악하고 문제를 해결하는 데 매우 적은 비중을 차지한다. 유의미한 효과를 위해서는 더 큰 규모로 버려지는 쓰레기를 고려해야 한다. 끊임없이 체계적인 변화를 추구해야 하는 것도 이런 이유다.

제로 웨이스트는 경쟁이 아니다. '이기기' 위한 시합도 아니고 누가 쓰레기를 가장 적게 버렸는지 가리는 자리도 아니다. 제로 웨이스트는 선형 경제에 반대한다는 의사를 눈으로 확인할 수 있게 행동으로 보여주는 것이다. 자연과 더욱 조화를 이루며 사는 방법이자, 행복이란 소유에 있는 것이 아니라 가족, 친구, 새로운 경험 등 진정으로 중요한 가치에 있음을 발견하는 과정이다. 현대사회에서 가장 급진적인 삶은 '자족하는' 삶이다.

덜 소비하고, 가진 물건을 고쳐 쓰고, 지역사회를 도와주는 것, 이 모든 행동이 큰 그림의 조각들이다. 변화가 일어나려면 아주 많은 사람이 이 원칙을 지켜야 한다. 우리는 할 수 있다. 이미 세계 곳곳에 조금 더 가볍게 살기 위해 열심히 노력하는 사람들이 수천 명이다.

자신의 제로 웨이스트가 완벽하지 않아서 위축되고 주눅 드는 사람에게 말하고 싶다. 그 시도 자체만으로도 얼마나 위대한 일을 하는 것인지. 언제나 여러분을 응원한다. 여러분이 내딛는 모든 걸음이 바로 옳은 길 위에 서 있다.

완벽하지 않아도 괜찮다.
어제보다 오늘 더 나은 선택을 하자.

사무실에서 일을 하고 제로 웨이스트 사이트(www.goingze-rowaste.com)를 운영하면서 이 책을 썼습니다. 멋진 남편 저스틴의 도움이 아니었다면 이 책은 쓰지 못했을 겁니다. 저스틴은 제게 정신적 지지는 물론이고 늘 용기를 심어주고 먹을 것을 챙겨주며 집을 늘 정돈했습니다. 힘들 때도 있었고, 모든 일이 생각처럼 되지 않을 때도 있었고, 그냥 패배를 인정하고 싶은 날들도 있었지만, 저스틴은 늘 저를 다독이며 쉬게 해주었습니다. 그러고 나면 새로운 관점으로 상황을 바라보게 되더군요. 저스틴에게 무한한 감사를 전합니다.

제게 전폭적인 응원을 보내준 멋진 제로 웨이스트 단체, 에티컬라이터스앤크리에이티브스Ethical Writers and Creatives에도 고맙다고 말하고 싶습니다. 이 단체에서 글을 쓰고 모임을 가지며 좋은 친구들을 많이 만났습니다. 저를 따뜻하게 환영해준 단체와 다정하고 희망적이고 긍정적인 에너지를 가진 모든 회원에게 고마운 마음을 전합니다.

제 열렬한 지지자인 멋진 부모님에게도 감사드립니다. 최고의 문제 해결사인 부모님은 필요할 때마다 제게 기꺼이 도움을 주셨습니다. 어머니, 아버지 사랑합니다.

고잉제로웨이스트Going Zero Waste를 지지해주신 두 사장님께도 감사합니다. 꿈을 응원하고 지지해주는 사장을 (그것도 둘이나) 만나기는 쉽지 않습니다. 심지어 직장을 그만둘 때 성공을 빌어주는 상사는 더더욱 만나기 쉽지 않지요. 고맙습니다. 조쉬, 매트 두 분은 정말 좋은 분들이에요.

컨트리맨프레스The Countryman Press 출판사의 모든 분께 감사드립니다. 특히 제 첫 책 제작을 도와준 오로라 벨에게 고마움을 전하고 싶습니다. 에이전트인 에이미 레벤슨, 내 손을 잡아주며 이 책의 출간 제안서를 만들도록 도와주어 정말 고마워요. 두 사람의 도움이 아니었다면 아무것도 할 수 없었을 거예요.

마지막으로 할머니께 고맙다는 인사와 함께 이 책을 바칩니다. 할머니는 우리와 함께 계시지 않지만 저는 알고 있어요, 할머니가 저를 무척 자랑스러워하신다는 것을. 저는 매일 할머니께 영감을 받아요. 항상 저를 데리고 다니시며 공연과 예술 작품을 보여주셨고, 금요일 밤마다 할머니 댁에서 오래된 뮤지컬 영화를 보고 또 봤었죠. 할머니는 저의 영웅이자 제가 만난 사람들 중 가장 멋진 사람입니다. (밖에서 함께 커피를 마실 때면 엘리자베스 테일러를 위해 할머니가 직접 계획하고 준비한 파티 이야기와 자선 활동을 하며 평생 헌신했던 이야기, 푸드포키즈Food for Kids 단체에서 봉사활동을 다녔던 시간들, 등산하다가 두 다리가 모두 부러졌지만 트럭에 올라타 목표했던 길을 완주한 뒤 병원에 운전해 간 일 등 많은 이야기를 해주셨지요. 이 모든 이야기는 그저 빙산의 일각에 불과하지만요.) 제 평생에 할머니의 너그러움과 끈기를 발끝만큼이라도 따라갈 수 있다면 좋겠습니다. 이 짧은 문장 몇 마디에 할머니를 모두 담을 수는 없지만 당신이 보여주신 모든 것에 영원히 감사하다는 걸 부디 알아주셨으면 해요.

옮긴이 **박여진**

한국에서 독일어를, 호주에서 비즈니스를 전공했다. 기업 경영 컨설팅 회사를 운영하다 영미 문학 단편집을 기획하며 번역가가 되었다. 주중에는 주로 번역을 하고 주말에는 여행을 다닌다. 파주 번역가 작업실 '번역인'에서 번역 활동을 하고 있다. 저서로 『토닥토닥, 숲길』, 『슬슬 거닐다』가 있고, 번역서로 『픽사 스토리텔링』, 『내가 알고 있는 걸 당신도 알게 된다면』, 『더 터치』, 『의미 수업』, 『빌 브라이슨의 발칙한 영국 산책 2』, 『인생 전환 프로젝트』, 『익스트림 팀』 외 수십 권이 있다.

1일 1쓰레기 1제로

1판 1쇄 발행 2022년 10월 7일
1판 3쇄 발행 2023년 5월 31일

발행인 박명곤   **CEO** 박지성   **CFO** 김영은
기획편집 채대광, 김준원, 박일귀, 이승미, 이은빈, 이지은, 성도원
디자인 구경표, 임지선
마케팅 임우열, 김은지, 이호, 최고은
펴낸곳 (주)현대지성
출판등록 제406-2014-000124호
전화 070-7791-2136   **팩스** 0303-3444-2136
주소 서울시 강서구 마곡중앙6로 40, 장흥빌딩 10층
홈페이지 www.hdjisung.com   **이메일** main@hdjisung.com
제작처 영신사

© 현대지성 2022

"Inspiring Contents"
현대지성은 여러분의 의견 하나하나를 소중히 받고 있습니다.
원고 투고, 오탈자 제보, 제휴 제안은 main@hdjisung.com으로 보내 주세요.